Bernhard Rogge

Otto von Bismarck
Eine Biographie

Übertragung von Fraktur in Antiqua
und Nachdruck der Originalausgabe von 1895

Rogge, Bernhard: Otto von Bismarck. Eine Biographie
Übertragung von Fraktur in Antiqua und Nachdruck der Originalausgabe von 1895
Hamburg, SEVERUS Verlag 2013.

ISBN: 978-3-86347-629-8
Druck: SEVERUS Verlag, Hamburg, 2013

Der SEVERUS Verlag ist ein Imprint der Diplomica Verlag GmbH.

Bibliografische Information der Deutschen Nationalbibliothek:
Die Deutsche Nationalbibliothek verzeichnet diese Publikation in der Deutschen Nationalbibliografie; detaillierte bibliografische Daten sind im Internet über http://dnb.d-nb.de abrufbar.

© **SEVERUS Verlag**
http://www.severus-verlag.de, Hamburg 2013
Printed in Germany
Alle Rechte vorbehalten.

Der SEVERUS Verlag übernimmt keine juristische Verantwortung oder irgendeine Haftung für evtl. fehlerhafte Angaben und deren Folgen.

SEVERUS
SEVERUS

Mit Genehmigung nach der Originalphotographie von Hofphotograph Pilarz angefertigt.

Inhalt

Vorwort 4

Bismarcks Kinder- und Jugendjahre 8

Die ersten Stufen im Staatsdienste 12

Der Gutsherr und Deichhauptmann 14

Bismarck im Vereinigten Landtage und in der Zeit der
Revolution 19

Bismarck als Bundestagsgesandter in Frankfurt a. M. 23

Bismarck als Gesandter in Petersburg und Paris 26

Der Ministerpräsident 29

Der schleswig-holsteinische Krieg 32

Der Krieg gegen Österreich 36

Der Bundeskanzler 40

Der Krieg gegen Frankreich und die Begründung des neuen
deutschen Reiches 41

Friede nach außen 54

Der innere Ausbau des neuen Deutschen Reiches 62

Im Dreikaiserjahre 72

Die Entlassung des Fürsten Bismarck 75

Die Aussöhnung des Kaisers mit dem Fürsten Bismarck 81

Vorwort

Der Verfasser würde es kaum gewagt haben, den zahlreichen, zum Teil vortrefflichen Lebensbildern des Fürsten Bismarck, in denen dem Begründer des deutschen Reiches schon bei Lebzeiten unvergängliche Denkmäler gesetzt worden sind, ein neues hinzuzufügen, wenn ihm nicht ein ausdrücklicher Wunsch des Verlegers die Veranlassung und Anregung dazu gegeben hätte. Kaum jemals bin ich mir bei einer schriftstellerischen Arbeit der Unzulänglichkeit meiner Feder so bewußt geworden, als in diesem Falle. Wenn ich es dennoch wage, mit diesem Büchlein vor die Öffentlichkeit zu treten, so geschieht es lediglich in der Erwägung, daß nicht genug und niemals zu viel geschehen kann, um unter unserem deutschen Volke und namentlich in unserem vaterländischen Heere, sowie in dem heranwachsenden Geschlechte die Erinnerung an die Heroen unserer neueren vaterländischen Geschichte, insbesondere an die Paladine des Heldenkaisers Wilhelm I. lebendig zu erhalten, und den Alten wie den Jungen immer wieder das Bild der Männer vor Augen zu stellen, denen wir die langersehnte Einigung unseres Volkes und die Wiederherstellung des deutschen Reiches zu verdanken haben.

Eine besondere Ermutigung, mich an eine Arbeit zu wagen, für welche es viele berufenere und geschicktere Federn gibt, lag für mich in dem Umstande, daß der Herr Verleger die Schrift ausdrücklich als eine Festgabe für den bevorstehenden achtzigsten Geburtstag des Alt-Reichskanzlers erscheinen lassen will. Auf einem Geburtstagstisch dürfen neben großen und bedeutsamen Gaben auch kleine und unscheinbare liegen. Als eine solche bitte ich die vorliegende kleine Schrift ansehen und beurteilen zu wollen. Wenn ihr ein Verdienst zukommt, so ist es vielleicht das, daß ich ernstlich bemüht gewesen bin, den reichhaltigen Stoff in möglichst gedrängter Kürze zusammenzufassen und dadurch die Verbreitung dieses Lebensbildes in den weitesten Kreisen des Volkes zu ermöglichen. Vor allem aber wird es mir vielleicht zu gute kommen, daß ich als unmittelbarer Zeuge der großen Ereignisse unserer vaterländischen Geschichte, mit denen der Name des Fürsten Bismarck zu unvergänglichem Gedächtnis verknüpft ist, auf manchem Blatte dieses Schriftchens auch Selbsterlebtes habe erzählen dürfen. Sofern dasselbe auch an seinem Teile irgendwie dazu beitragen sollte, eine würdige Feier dieses Ehrentages unseres deutschen Volkes fördern zu helfen, so würde damit vollständig der Zweck erreicht sein, den Verfasser und Verleger im Auge gehabt haben.

Potsdam, Dezember 1894

Dr. theol. Bernhard Rogge

Bismarcks Vater

Bismarcks Mutter

Bismarcks Kinder- und Jugendjahre

Soweit die geschichtlichen Erinnerungen zurückreichen, sind die Vorfahren des Fürsten Bismarck als ein angesehenes Adelsgeschlecht in der Altmark, diesem ältesten Bestandteile der Mark Brandenburg, angesessen gewesen. Ihr Wappenschild zeigt ein Kleeblatt, zwischen dessen drei rundlichen Blättern drei zackige Eichenblätter mit nach außen gekehrten Spitzen hervorragen. Ihr Stammsitz war ursprünglich das Schloß Burgstall bei Letzlingen, das sie in hochherziger Opferwilligkeit im Jahre 1562 gegen Schönhausen vertauschten, als der damalige Kurprinz von Brandenburg, der nachmalige Kurfürst Johann Georg, Burgstall zur Erweiterung der Jagdgründe von Letzlingen zu erwerben wünschte. In Schönhausen ist Otto von Bismarck am 1. April 1815 als der zweite am Leben gebliebene Sohn des ehemaligen Rittmeisters Ferdinand von Bismarck geboren. Seine Mutter Luise Wilhelmine war die Tochter des geheimen Kabinettsrats Mencken aus Berlin, eine kluge, hochgebildete Frau, die wohl einen besonders günstigen Einfluß auf die geistige Entwickelung ihres Sohnes ausgeübt hat. Von fünf Kindern, die dieser Ehe entsprossen sind, sind nur drei den Eltern erhalten geblieben, außer unserem Otto ein älterer Sohn Bernhard, nachmals Landrat des Kreises Naugard, und eine um zwölf Jahre jüngere Tochter Malwine.

Nicht lange sollte Schönhausen und die Altmark des kleinen Otto Heimat bleiben. Schon ein Jahr nach seiner Geburt siedelten die Eltern von Schönhausen nach Kniephof, einem ihnen durch Erbschaft zugefallenen, im Kreise Naugard in Pommern gelegenen Gute über. Gewiß hat auch darin die Hand der göttlichen Vorsehung gewaltet, daß die Eigenart des altmärkischen mit der des pommernschen Volksstammes in Otto von Bismarcks Wesen sich verbinden sollte. Wir übergehen hier die spärlichen Nachrichten aus den ersten Jahren seiner Kindheit, die kleinen an sich geringfügigen und doch für die spätere Entwickelung des Knaben schon bedeutsamen Züge, aus denen bereits der frohsinnige Mut, die tapfere Unerschrockenheit, das kindliche Gottvertrauen hervorleuchtet, die die Welt an dem späteren Manne zu bewundern reichlich Gelegenheit gehabt hat.

Leider wurde der muntere aufgeweckte Knabe dem zwanglosen Leben auf dem väterlichen Gute, wo er sich in ungebundener Freiheit umhertummeln konnte, schon früh entrückt. Die Eltern, die ihren Aufenthalt zwischen Kniephof, Schönhausen und Berlin häufig wechselten, hielten es für ratsam, ihren Otto schon mit sechs Jahren in eine regelmäßige und strenge Schulzucht zu bringen, und beschlossen daher, ihn der Plamannschen Erziehungsanstalt in Berlin zu übergeben, die sich eines besonders guten Rufes erfreute. Nach Vollendung seines zwölften Jahres verließ Otto diese Anstalt, um das Friedrich-Wilhelms-Gymnasium in Berlin zu besuchen, das er dann später mit dem Berliner Gymnasium „zum grauen Kloster" vertauschte. Von seinen Lehrern hat der nachmals als Schulmann berühmt gewordene Dr. Bonnell den nachhaltigsten Einfluß auf ihn ausgeübt. Er trat zu ihm dadurch in ein noch näheres persönliches Verhältnis, daß er gegen Ende seiner Schulzeit zu Ostern 1831 als Pensionär in dessen Haus aufgenommen wurde.

Noch in seinem hohen Alter erinnerte sich Dr. Bonnell mit freudigem Stolze des liebenswürdigen, allzeit fröhlichen Hausgenossen. Der junge Otto hatte bereits die Prima des Gymnasiums erreicht, als er am 31. März 1830 von dem berühmten Theologen D. Schleiermacher in der Dreifaltigkeitskirche zu Berlin konfirmiert wurde. Der vorangegangene Religionsunterricht ist für seine gesamte geistige Entwickelung bedeutungsvoll gewesen. Schon im Vaterhause war in seinem Herzen der Grund zu einer aufrichtigen Frömmigkeit gelegt worden und die Unterweisung des innig frommen und dabei weitherzigen Lehrers und Seelsorgers fiel bei ihm auf einen fruchtbaren Boden.

Bei allem Ernst und Lerneifer blieb aber Otto von Bismarck doch allezeit auch zu allerhand jugendlichen Streichen geneigt, und namentlich die Ferien, die er regelmäßig auf dem väterlichen Gute Kniephof oder in Schönhausen verbrachte, waren ihm jedesmal eine willkommene Gelegenheit sich frei vom Schulzwange auszutoben. Reiten und Jagen war dann seine Lust. Schon damals verband ihn eine innige Jugendfreundschaft mit dem unweit von Kniephof in Zimmerhausen wohnenden Moritz von Blankenburg, dem späteren Führer der konservativen Partei. Zu mancher Pürschjagd vereinigten sich die jugendfrohen Genossen. Auch mit dem nachmaligen Kriegsminister von Roon, dem treuen Mitkämpfer in Krieg und Frieden, hat Otto von Bismarck schon in seinen Jugendjahren eine später treu bewährte Freundschaft geschlossen, denn Albrecht von Roon war in dem durch verwandtschaftliche Beziehungen ihm nahe stehenden Blankenburgschen Hause ein jederzeit gern gesehner Gast.

Schönhausen

So kam unter dem Wechsel zwischen regelmäßiger Schularbeit und ungezwungener Erholung auf dem väterlichen Gute die Zeit heran, da Otto von Bismarck den Schulstaub ganz von seinen Füßen schütteln und in die goldene Freiheit des Studentenlebens hinausziehen durfte. Er hatte das siebzehnte Lebensjahr noch nicht ganz vollendet, als er im Frühjahr 1832 nach wohlbestandenem Abiturientenexamen das Gymnasium mit dem Zeugnis der Reife verlassen konnte. Es handelte sich nun um die Frage, welche Universität er besuchen sollte. Nach langer

Bismarcks Studentenwohnung in Göttingen

Überlegung wurde im Familienrate zu Kniephof beschlossen, daß er seine akademischen Studien auf der Universität Göttingen beginnen sollte. Er selbst wäre am liebsten nach Heidelberg gegangen. Aber seine Mutter, die schon in seinen frühesten Knabenjahren das Ziel ins Auge faßte, ihn dereinst zu einem tüchtigen Staatsmann zu machen, fürchtete von dem flotten Studentenleben, das in Heidelberg herrschen sollte, einen nachteiligen Einfluß. Namentlich war ihr das „Biertrinken und Tabakrauchen" aufs äußerste verhaßt. Auf den Rat eines mit dem Leben auf den verschiedenen Universitäten vertrauten Verwandten wurde schließlich Göttingen gewählt. Der junge Bruder Studio genoß mit vollen Zügen die akademische Freiheit. In dem Korps der Hannoveraner, dem er sich anschloß, wurde er bald einer der berühmtesten und geachtetsten Schläger. Bei den mancherlei kecken und wilden Streichen, die er auf der Universität ausgeführt hat, konnte es nicht aubleiben, daß er es auch gelegentlich mit dem

Zitation vor den Universitätsrichter

Universitätsgericht zu tun bekam. Die drei Semester, die Bismarck in Göttingen zubrachte, waren schnell verflogen. Um das in Göttingen Versäumte nachzuholen, ging er von da nach Berlin mit dem redlichen Vorsatz zu ernster Arbeit. Anfangs wollte sie ihm nach dem lustigen Treiben in Göttingen nicht recht schmecken. Aber als der Termin der ersten juristischen Prüfung näher rückte, wußte er sich unter Leitung eines geschickten Privatdozenten durch monatelangen angestrengten Fleiß die erforderlichen Kenntnisse schnell anzueignen, und nach wohlbestandener Prüfung wurde er im Frühjahr 1835 zum Auskultator ernannt.

Die ersten Stufen im Staatsdienste

Die goldene Zeit des Studentenlebens war vorüber und der Ernst des

Bismarck als Auskultator

Lebens begann an Otto von Bismarck heranzutreten. Von Ostern 1835-36 finden wir ihn als Auskultator am Berliner Stadtgericht beschäftigt. Es wird aus seiner dortigen Tätigkeit eine Anekdote erzählt, die von der ihm schon damals eigenen Schlagfertigkeit Zeugnis gibt. Vor dem Protokollführer steht eines Tages ein echter Berliner, der seiner Zunge in unehrerbietigen Ausdrücken die Zügel schießen läßt und auch vor Schimpfreden auf Obrigkeit und Polizei sich nicht scheut. Unwillig über dies Betragen springt Bismarck auf und ruft dem ihm zum Verhöre zugeführten Manne zu: „Herr, mäßigen Sie sich oder ich werfe Sie hinaus!" Der ihm gegenübersitzende Stadtgerichtsrat, unter dessen Aufsicht der junge Auskultator arbeitete, will sich ins Mittel legen und bedeutet ihm besänftigend: „Herr Auskultator, das Hinauswerfen ist meine Sache." Das Verhör nimmt seinen Fortgang, als aber der Berliner in seinem unverschämten Tone zu schimpfen fortfährt, da springt Bismarck

Bismarck als Einjähriger

abermals auf und donnert ihn an: „Herr, mäßigen Sie sich oder ich lasse Sie durch den Herrn Stadtgerichtsrat hinauswerfen." Je weniger Bismarck der langweiligen und trockenen Protokollführung auf dem Gericht Geschmack abgewinnen konnte, umsomehr suchte er sich durch den geselligen Verkehr in ihm befreundeten Familien zu entschädigen. Auch zu den Hofgesellschaften stand dem nun im Staatsdienst angestellten jungen Edelmann der Zutritt frei und auf den Wunsch seiner Mutter, die das Ziel der staatsmännischen und diplomatischen Laufbahn noch immer fest im Auge behielt, machte er von diesem Rechte Gebrauch. Gehörte es doch zur Vorbereitung für diesen Beruf, daß er auch auf dem glatten Boden der höchsten Gesellschaftskreise sich frei und sicher bewegen lernte. Bei einem dieser Hoffeste bot sich ihm die Gelegenheit zum ersten Male dem Prinzen Wilhelm, dem nachmaligen Prinzen von Preußen und späteren König vorgestellt zu werden. Gleichzeitig mit dem lang aufgeschossenen Auskultator von Bismarck wurde ein dem letzteren an Leibeslänge nicht nachstehender Auskultator von Schenk dem Prinzen vorgestellt. Mit sichtlichem Wohlgefallen ließ der Prinz sein Auge auf den beiden edlen Jünglingsgestalten ruhen, indem er scherzend sagte: „Nun die Justiz scheint sich ihre jungen Rekruten jetzt nach dem Gardemaß auszusuchen." In wie ganz anderem Sinne noch der junge Auskultator von Bismarck dereinst ein großer Mann werden und in wie nahe Beziehungen er zu ihm selbst treten sollte, vermochte damals noch keiner von beiden zu ahnen.

Den Justizdienst hatte Otto von Bismarck von Anfang an nur als die notwendige Vorstufe für seine spätere staatsmännische Laufbahn angesehen. Schon im Jahre 1836 trat er, nachdem er die Referendarsprüfung bestanden hatte, zur Verwaltung über und wurde als Referendar der Regierung zu Aachen und ein Jahr später der zu Potsdam überwiesen.

Hier trat er im Herbst 1838 als Einjährig-Freiwilliger beim Garde-Jäger-Bataillon ein, um seiner Militärpflicht zu genügen. Doch nur die erste Hälfte des einjährigen Dienstes hat er in Potsdam zugebracht. Tiefgreifende Veränderungen, die in seinem Vaterhause sich vorbereiteten, veranlaßten ihn, um seine Versetzung aus dem Garde-Jäger-Bataillon in das in Greifswald stehende 2. Jäger-Bataillon nachzusuchen. Er war dort seiner Heimat näher und hatte zugleich Gelegenheit, sich auf der mit der Universität Greifswald verbunenen landwirtschaftlichen Akademie zu Eldena für die Bewirtschaftung des väterlichen Gutes vorzubereiten, die ihm in der nächsten Zeit übertragen werden sollte. Der Vater sehnte sich darnach, die pommerschen Güter, die durch mancherlei verfehlte Unternehmungen und durch den Aufwand, welchen der wiederholte Aufenthalt der Eltern in Berlin erfordert hatte, nicht unerheblich verschuldet waren, seinen Söhnen zu übergeben. Der Hauptanlaß zu diesem Entschlusse lag wohl in der Kränklichkeit seiner Gattin. Vergeblich suchte Frau von Bismarck, nachdem sich der Gebrauch vieler Badekuren als erfolglos erwiesen hatte, in der Behandlung eines berühmten Berliner Arztes Genesung. Sie sollte sie nicht mehr finden.

Am 1. Januar 1839 erlag sie zu Berlin ihren langjährigen Leiden. Otto von Bismarck hat in ihr die treueste Mutter verloren. Sie war eine Frau von hellem Verstand und klarem, scharfem Urteil, mit dem sie namentlich auch die politischen Fragen verständnisvoll und vorurteilsfrei zu erfassen wußte. Sie hat es nicht erleben dürfen, daß die großen Hoffnungen, die sie für die Zukunft ihres Sohnes in ihrem Herzen trug, in Erfüllung gegangen sind, viel größer und herrlicher, als sie es sich je hatte träumen lassen. Zunächst freilich nahm das Leben ihres Otto eine Wendung, die von dem Ziele, das ihr mütterlicher Stolz sich für ihn gesteckt hatte, weit abzuführen schien.

Der Gutsherr und Deichhauptmann

Schon vor dem Tode seiner Gattin hatte Bismarcks Vater seine pommerschen Güter seinen beiden Söhnen Bernhard und Otto übergeben, während er selbst seinen Wohnsitz in Schönhausen nahm. Die Brüder bewirtschafteten die Güter anfangs gemein-schaftlich, teilten sie aber dann in der Weise unter sich, daß Bernhard, der ältere Bruder, das Gut Külz, Otto dagegen Kniephof und Jargelin übernahm. Der verschuldete und vielfach wirtschaftlich vernachlässigte Besitz nötigte den letzteren auf eine Fortsetzung seiner Beschäftigung bei der Regierung zu Potsdam vorläufig zu verzichten, um sich längere Zeit persönlich um die Wirtschaft zu kümmern. Wie immer in seinem Leben, so tat er auch hier ganze Arbeit. Mit allen Kräften warf er sich auf die Landwirtschaft, überall persönlich eingreifend. Er führte allerhand Verbesserungen ein, sorgte für einen guten Viehstand, überwachte mit Sorgfalt die Rechnungsbücher, besichtigte die Felder und suchte die Gutsbesitzer der Nachbarschaft, welche als tüchtige Landwirte bekannt waren, auf, um von ihnen zu lernen. Mit unermüdlicher Tatkraft gelang es ihm, in verhältnismäßig kurzer Frist die verwahrlosten Güter wieder ertragsfähig zu machen, so daß er von seinen schweren Sorgen, mit denen er den Besitz angetreten hatte, wieder aufatmen konnte. Nun hieß es auch in Kniephof: „Tages Arbeit, abends Gäste." Es war Bismarcks liebste Erholung, fröhliche Freunde aus der Nachbarschaft um sich zu sehen und mit ihnen bei Becherklang ernste und heitere Gespräche zu führen. Bald wurde das Treiben auf Kniephof der Gegenstand der Gespräche in den Kaffeegesellschaften ehrsamer alter Jungfern; man raunte sich zu, Kniephof ist Kneiphof geworden, und wußte allerhand Geschichten vom „tollen Bismarck" zu erzählen. Wenn aber keine Gäste da waren und in Kniephof stille Einsamkeit herrschte, dann saß Bismarck wohl bis tief in die Nacht über seinen Büchern und versenkte sich in ernste Betrachtungen oder bereicherte aus Geschichtswerken und großen Schriftstellern alter und neuer Zeit seine Kenntnisse auf allen Gebieten des Wissens.

Noch reger wurde der Verkehr auf Kniephof, als Bismarck im Jahre 1842 unter Versetzung zur Kavallerie zum Landwehr-Offizier befördert worden war. Als solcher hatte er beim 4. pommerschen Ulanen-Regiment, das damals in Greifenberg und Treptow in Garnison stand, eine mehrmonatliche Übung mitzumachen. Dadurch wurden zu den Offizieren der pommerschen Lanzenreiter nahe persönliche Beziehungen angeknüpft. So oft es der Dienst gestattete, sah Bismarck seine Kameraden in Kniephof und unternahm mit ihnen weite Ritte in die Umgegend.

Bei aller Schaffensfreudigkeit, die Bismarck in der Bewirtschaftung seiner Güter bewährte, fand er doch in dem Landleben keine volle Befriedigung. Er fühlte selbst, daß er in seiner bisherigen Lebensweise die ihm verliehenen Kräfte nicht vollauf ausnutzen konnte, und dieses Gefühl des Unbefriedigtseins machte sich oft in melancholischen Stimmungen, die ihn überkamen, geltend. Auch durch mehrfache Reisen, die er unternahm, vermochte er seiner Mißstimmung nicht völlig Herr zu werden. Immer wieder rieten die näheren Freunde zur weiteren Ausbildung im Staatsdienst, für den sie ihn besonders befähigt hielten. Ihrem Rate folgend, trat Bismarck nochmals als Referendar bei der Regierung in Potsdam ein, wo er fleißig arbeitete.

Aber das viele Schreibwerk der Verwaltung und der Zwang des Bureaudienstes waren ihm lästig. Es bedürfte daher nur eines geringen Anlasses, um ihm das fernere Arbeiten an der Regierung vollends zu verleiden. Die Gattin seines Bruders Bernhard, der inzwischen Landrat des Kreises Naugard geworden war, lag schwer krank darnieder und sein Bruder bat daher, daß Otto von Bismarck ihn eine Zeitlang in den landrätlichen Geschäften vertreten möge. Ohne Zaudern war dieser dazu erbötig und er begab sich zum Präsidenten, um sich Urlaub zu erbitten. Dieser ließ ihn längere Zeit im Nebenzimmer warten, während Bismarck durch die geöffnete Tür sich überzeugen konnte, daß der Herr Präsident ruhig an seinem Arbeitstische saß. Über diese rücksichtslose Behandlung verstimmt, begann er sich im Nebenzimmer dadurch bemerkbar zu machen, daß er zuerst ganz leise, dann stärker und immer stärker den Dessauer Marsch mit den Fingern an der Fensterscheibe trommelte. Jetzt endlich erhob sich der Herr Präsident von seinem Sitze und trat in das Nebenzimmer, indem er in wenig verbindlichem Tone an den dort wartenden Bismarck die Frage richtete: „Was wünschen Sie?" „Ich war gekommen, um mir für einige Zeit Urlaub zu erbitten" erwiderte Bismarck kurz angebunden, „jetzt bitte ich um meinen Abschied." Damit verließ er das Zimmer des Vorgesetzten, um sich ihm für immer zu empfehlen. Die Verwirklichung der mütterlichen Träume von der staatsmännischen Laufbahn ihres Otto schien vorläufig in weite Ferne gerückt.

Bismarck kehrte zunächst auf sein pommersches Landgut zurück, vertrat den Bruder in der Verwaltung des Landratamtes und widmete sich daneben der Bewirtschaftung seiner ererbten Scholle. Im Herbst 1844 führte ihn ein frohes Familienfest in das Haus des einsamen Vaters zu Schönhausen. Seine einzige Schwester Malwine feierte am 30. Oktober 1844 ihre Vermählung mit seinem treuen Jugendfreunde, dem Landrat Oskar von Arnim-Kröchelndorf. Mit dieser Schwester, die zwölf Jahre jünger als er selbst ist, die er vom kleinen Kinde zur Jungfrau hatte heranwachsen sehen, war er von jeher durch die innigste geschwisterliche Liebe verbunden. „Er war mit ihr wie mit einer Braut" sagen alte Leute in Schönhausen noch heute, ein Vergleich der auch durch die inzwischen veröffentlichten Briefe, die er mit ihr gewechselt hat, bestätigt wird. Scherzhaft nennt er sie bald „mein Engel", bald „meine Angebetete" oder „mein sehr geliebtes" oder auch wohl „liebe Kleine", „teuerste Kreusa." Bei aller Freundschaft, die ihn mit seinem nunmehrigen Schwager schon längst verband, sah er die geliebte Schwester mit schmerzlicher Wehmut aus dem Vaterhause scheiden.

Nach der Hochzeit der Schwester blieb er noch einige Zeit bei dem nun ganz vereinsamten Vater, um dann wieder nach seinem ebenso einsamen Kniephof zurückzukehren. Es waren die letzten Wochen, die er mit dem Vater zusammen verleben durfte. Im November 1845 wurde er an das Sterbelager des Vaters gerufen, dem er nur noch die Augen zudrücken konnte, als er am 22. November des genannten Jahres zum ewigen Frieden einging. Mit dem Tode des Vaters wurde Otto von Bismarck Besitzer von Schönhausen, wohin er im Juni 1846 von Kniephof übersiedelte, um aus einem pommerschen Edelmann nun wieder ein märkischer zu werden. Von jetzt an nannte er sich von Bismarck-Schönhausen. Den Einzug in den väterlichen Stammsitz feierte Bismarck durch ein ländliches Fest, das er den Schönhauser Gutsinsassen gab, und dessen sich mancher von den Alten in Schönhausen heute noch gern erinnert. Trotz aller teuern Erinnerungen, die ihn in dem neuen Wohnsitz umgaben, konnte sich aber Bismarck in ihnen nicht eher recht heimisch fühlen, als bis er die rechte Gutsherrin für das Haus seiner Väter gefunden hatte. Doch nicht lange sollte diese von ihm selbst am tiefsten empfundene Lücke unausgefüllt bleiben. In demselben Jahre, in dem seine geliebte Schwester Malwine freite, hatte er der Hochzeit seines liebsten Jugendfreundes Moritz von Blankenburg mit der Tochter des Rittergutsbesitzers von Thadden in Triglaff beigewohnt. Hier hatte er das pommersche Edelfräulein Johanna von Puttkamer kennen gelernt, die einzige am 11. April 1824 geborene Tochter des hinterpommerschen Gutsbesitzers Heinrich von Puttkamer. Schon bei der ersten Begegnung hatte diese in ihrer einfachen, anmutigen Erscheinung einen tiefen, unauslöschlichen Eindruck auf ihn gemacht und er hatte seitdem wiederholt die Gelegenheit gesucht, mit ihr zusammenzutreffen. Sein Herz sagte ihm, daß er in ihr die rechte Gefährtin finden würde. Aber manche Schwierigkeiten schienen einer Verbindung mit Fräulein von Puttkamer im Wege zu stehen. In dem Puttkamerschen Hause zu Reinfeld herrschte ein besonders frommer, allem weltlichen Wesen abgeneigter Geist, zu dem die ungezwungene Art des „tollen" Bismarck nicht recht zu passen schien. Als Otto von Bismarck diesen Bedenken zum Trotz bei dem Vater brieflich um die Hand der Tochter anhielt, da wars dem frommen, ernsten Vater, wie er selbst bekannt hat, bei dem Gedanken, seine Tochter dem tollen Bismarck geben zu sollen, zuerst zu Mute, als wenn er mit der Axt vor den Kopf geschlagen würde, und noch schwerer wurde es der Mutter, die Bedenken gegen diese Verbindung zu überwinden. Sie vergoß zuerst reichlich Tränen darüber. Aber die aufrichtige Herzensneigung der

Tochter überwand schließlich alle Bedenken, und die Folge hat gelehrt, daß sie tatsächlich unbegründet waren. Bismarck erschien selbst in Reinfeld, um sich das Jawort der erlesenen Braut zu holen, zu dem die Eltern in Gottes Namen ihre Einwilligung gaben. „All right" (alles in Ordnung) meldete der glückliche Freier an seine Schwester Malwine, als er die Einwilligung der Eltern glücklich erlangt hatte. Und „all right" in anderem Sinne dürfen er und seine Gattin sich jetzt sagen, wo sie der goldenen Hochzeit entgegengehen. Am 28. Juli 1847 fand in Reinfeld die Trauung des glücklichen Paares statt und nach einer schönen Hochzeitsreise über Dresden, Prag, Wien, Salzburg bis nach Italien führte Bismarck seine junge Gattin in das Haus seiner Väter ein. „Wem ein tugendsam Weib beschert ist, die ist viel edler denn die köstlichsten Perlen. Ihres Mannes Herz darf sich auf sie verlassen", dieses Wort ist hier im vollen Sinne wahr geworden. Mit echter Frauenhand hat sie ihrem Gemahl ein Heim voll Behagen und wohlthuender Wärme geschaffen; verständnisvoll hat sie seine Sorgen und Hoffnungen geteilt, auch die politischen, wie sehr sie auch mit feinem Takt der unmittelbaren Einmischung in politische Fragen und staatliche Angelegenheiten sich zu enthalten gewußt hat. Bismarck selbst aber hat von ihr einem vertrauten Freunde bekennen dürfen: „Sie ahnen nicht, was diese Frau aus mir gemacht hat." Es wurde der jungen Gutsherrin nicht schwer, durch ihre natürliche Freundlichkeit und Leutseligkeit in Schönhausen bald aller Herzen zu gewinnen, und durch die Tüchtigkeit, die sie als Hausfrau bewährte, sich die allgemeine Achtung aller Gutsinsassen zu erwerben. Gleich hier sei bemerkt, daß die Ehe Bismarcks mit drei Kindern gesegnet worden ist, von denen das älteste, die einzige Tochter am 21. August 1848 zu Schönhausen das Licht der Welt erblickt hat. Ihr folgten zwei Söhne, Herbert, der am 28. Dezember 1849 zu Berlin und Wilhelm, der am 1. August 1852 zu Frankfurt a. M. geboren wurde.

Mit seiner Übersiedelung nach Schönhausen hatte Bismarck zugleich das von seinem Vater verwaltete Amt des Deichhauptmanns für die Uferstrecke der Elbe von Jerichow bis Sandau übernommen. Auch wurde er durch das Vertrauen der Ritterschaft des Kreises Jerichow zu deren Vertreter im sächsischen Provinzial-Landtag gewählt. Es sollte dies der erste Schritt zu seinem Eintritt in das politische Leben des Vaterlandes werden.

Fürstin Bismarck

Bismarck im Vereinigten Landtage und in der Zeit der Revolution

Mit dem Regierungsantritt König Friedrich Wilhelms IV. war für Preußen eine neue Zeit angebrochen. Die in weiten Kreisen des Volkes längst gehegten und oft laut ausgesprochenen Hoffnungen auf die Verleihung einer Verfassung, durch die dem Volke ein Anteil an der Gesetzgebung und Regierung des Landes gegeben werden sollte, schienen ihrer Verwirklichung näher gekommen zu sein. Auch für die längst ersehnte Einigung der deutschen Nation knüpften sich an den Regierungsantritt dieses Königs große Erwartungen. Es unterlag keinem Zweifel, daß König Friedrich Wilhelm IV. von den edelsten Absichten für Preußens und Deutschlands heilsame Entwickelung erfüllt war. Aber so schnell und in der Weise, wie viele gehofft hatten, sollten sich diese Erwartungen nicht erfüllen. König Friedrich Wilhelm IV. war nicht gewillt, seinem Lande eine Verfassung nach liberalem Muster zu geben. Seine Gedanken waren viel mehr nur auf die weitere Ausbildung der bereits vorhandenen Provinzialstände gerichtet, die zu allgemeinen Reichsständen erweitert werden sollten. Von diesem Gedanken geleitet, erließ er am 3. Februar 1847 ein Königliches Patent, durch welches aus sämtlichen Provinzialständen der Monarchie ein vereinigter Landtag gebildet wurde, der am 11. April des genannten Jahres zum erstenmal in Berlin zusammentrat und im Weißen Saal des Königlichen Schlosses nach vorausgegangenem Gottesdienste durch eine feierliche Ansprache des Königs eröffnet wurde.

Statt des freudigen Dankes, den König Friedrich Wilhelm IV für die verliehene Verfassung zu ernten gehofft hatte, gab sich in allen Provinzen ein tiefes Mißvergnügen über die geringfügigen Rechte kund, die dem Landtage zugestanden werden sollten. Schon in den ersten Verhandlungen des vereinigten Landtages wurde dieser Verstimmung von den Vertretern der liberalen Partei der lauteste Ausdruck gegeben. Bismarck war von der Ritterschaft des sächsischen Provinziallandtages in den vereinigten Landtag entsendet worden. Gegenüber den auf eine Erweiterung der Rechte des Landtages gerichteten Bestrebungen hielt er sich als altmärkischer Edelmann vor allem für verpflichtet, für das ungeschmälerte Recht des preußischen Königtums mit aller Entschiedenheit einzutreten. Dabei erfüllte ihn ein tiefer Widerwille gegen die hochtrabenden und hohlen Phrasen von Volksfreiheit und Volksrechten, die damals an der Tagesordnung waren.

Als in dem vereinigten Landtage der Antrag gestellt wurde, an den König eine Petition zu richten, durch welche die regelmäßige alljährliche Einberufung des vereinigten Landtages erstrebt werden sollte, da war es vor allem Bismarck, der vor einem unzeitigen Drängen warnte, das nur den Eindruck machen könnte, als ob der König durch einen auf ihn ausgeübten Druck zu unfreiwilligen

Zugeständnissen genötigt werden sollte, da sprach er denen gegenüber, die immer auf England verwiesen, die goldenen Worte: „die preußischen Monarchen sind nicht von des Volkes, sondern von Gottes Gnaden im Besitze einer faktisch unbeschränkten Krone, von deren Rechten sie freiwillig einen Teil dem Volke verliehen haben, ein Beispiel, welches in der Geschichte selten ist." Wie für die Rechte des preußischen Königtums, so ist Bismarck auch schon auf dem vereinigten Landtage tapfer für das Christentum und den christlichen Charakter des Staates eingetreten. Es geschah dies namentlich bei Gelegenheit der Verhandlungen über einen Antrag, der die Gleichberechtigung der Juden und deren Zulassung zu allen Staatsämtern bezweckte. Er war nicht gewillt, den Juden das Recht einzuräumen, in einem christlichen Staate ein obrigkeitliches Amt zu bekleiden.

Mit dem ihm eigenen Freimut und mit einer Offenheit, die damals allgemeines Staunen erregte, scheute sich Bismarck nicht, sich zu Anschauungen zu bekennen, welche von einzelnen Rednern der Versammlung als finster und mittelalterlich bezeichnet worden waren. Er machte keinen Hehl daraus, daß er noch an manchen Vorurteilen festhalte, die er mit der Muttermilch eingesogen habe. Diese und ähnliche Äußerungen sind von den Gegnern dann bis zum Überdruß ausgebeutet worden. Aber Bismarck wußte sich mit dem ihm reichlich zu Gebote stehenden guten Humor darüber hinwegzusetzen. So erwiderte er auf die Rede eines Abgeordneten, der auch wieder einmal auf jene Äußerungen anspielte: „Der Abgeordnete K. ist gegen mich in die Schranken geritten auf einem Pferde, vorn finsteres Mittelalter, hinten Muttermilch."

Aus dem Verlaufe, den die Verhandlungen des vereinigten Landtages genommen, hatte Bismarck die Überzeugung gewonnen, daß Preußen schweren Kämpfen entgegen ging, und mit dem bangen Vorgefühl drohender Gefahren war er nach Schönhausen zurückgekehrt. Auch mitten in dem sonnigen Glück seiner jungen Ehe täuschte er sich nicht über die Wetterwolken, die Unheil drohend am Himmel standen. Und als im Jahre 1848 die ersten Nachrichten von der Pariser Februarrevolution eintrafen, da war es ihm keinen Augenblick zweifelhaft, daß die Wogen der Revolution auch unser Vaterland überfluten würden. Noch einmal wurde der vereinigte Landtag um den Thron versammelt, aber nur um seine Rechte auf die Nationalversammlung zu übertragen, die zur Vereinbarung einer konstitutionellen Verfassung einberufen werden sollte. Bismarck war einer von den wenigen, die sich weigerten für eine Adresse zu stimmen, die der Freude über die Errungenschaften der Revolution Ausdruck geben sollte; das vermochte er nicht über sich zu gewinnen, unbekümmert darum, ob er deswegen als ein Vertreter des Rückschritts und als ein Feind jeder freien Verfassung verschrieen wurde.

Der im Mai 1848 zusammentretenden Nationalversammlung gehörte Bismarck nicht an, er hatte auch keine Neigung gehabt, sich um ein Mandat für dieselbe zu bewerben. Um so größer war die Rührigkeit, die er zur Bekämpfung der Revolution und zur Sammlung der königstreuen Gesinnungsgenossen im Stillen entfaltete. Er besprach sich mit den Getreuen im Lande; er sammelte die Bessergesinnten für patriotische Vereine, mit der Losung: „Mit Gott für König und Vaterland!" Er beteiligte sich an der Begründung wohlgesinnter Zeitungen und wurde einer der hervorragendsten Führer der neubegründeten konservativen Partei. Als solcher tat er sich in der zweiten Kammer des Landtages hervor, der im Jahre 1849 nach Auflösung der Nationalversammlung und Niederwerfung der Revolution auf Grund der vom König in freier Machtvollkommenheit erlassenen Verfassung gewählt wurde. Er war in ihr Vertreter des Kreises West-Havelland. Mit unerschrockenem Mute ist er hier für die Rechte der preußischen Krone und gegen die auf die Herbeiführung einer parlamentarischen Regierung gerichteten Bestrebungen in die Schranken getreten. Auch er wollte eine verfassungsmäßige Regierung, bei welcher die Volksvertretung zur Mitwirkung an der Gesetzgebung und an der Steuerbewilligung berufen sein sollte. Aber er wollte die machtvolle preußische Krone nicht zu einem nur äußeren Schmuck der Verfassung herabsinken lassen. Derselbe ausgeprägte monarchische Sinn nötigte ihn auch gegen Annahme der Frankfurter Reichsverfassung zu stimmen, durch die der zum Kaiser gewählte König von Preußen nur ein Schattenkaiser geworden wäre. Auch dem im März 1850 nach Erfurt einberufenen Unionsparlament hat Bismarck als Abgeordneter seines Westhavelländischen Wahlkreises angehört. Auch hier vermochte sich Bismarck nicht mit dem Plane zu befreunden, nach welchem einen Teil der deutschen Fürsten mit ihren Ländern unter Preußen zu einer Union vereinigt werden sollte. Er sah in diesem Plane die dem preußischen Staate gebührende Machtstellung nicht hinreichend gewahrt. Aus den Reden, mit denen Bismarck im Erfurter Parlament den Unionsplan bekämpfte, sei nur die nachfolgende, zu einem geflügelten Worte gewordene Äußerung hervorgehoben: „Wenn Sie dem preußischen, dem altpreußischen Geiste — nennen Sie ihn stockpreußisch, wenn Sie wollen — nicht mehr Zugeständnisse machen, als bis jetzt in dieser Verfassung geschehen ist, dann glaube ich nicht an eine Verwirklichung derselben und wenn Sie sich bemühen, diese Verfassung diesem preußischen Geiste aufzuzwängen, so werden Sie in ihm einen Bucephalus finden, der den gewohnten Reiter und Herrn mit mutiger Freude trägt, den unberufenen Sonntagsreiter aber mit samt seiner schwarz-rot-goldenen Zäumung auf den Sand setzt." Der Unionsplan scheiterte. Ein Krieg mit Österreich drohte Preußen. Preußen mußte im Dezember 1850 den demütigenden Gang nach Olmütz antreten. Es mußte auf seine Versuche, eine Einigung Deutschlands ohne Österreich zu stande zu bringen, verzichten und in die Wieder-herstellung des im Jahre 1848 von den Stürmen der Revolution hinweggefegten deutschen Bundestages willigen.

Bismarck als Bundestagsgesandter in Frankfurt a. M.

Der erste Vertreter Preußens auf dem wiederhergestellten deutschen Bundestage war Generalleutnant von Rochow. Aber sehr bald richte-te sich das Augenmerk des damaligen Preußischen Minister-präsidenten von Manteuffel auf Herrn Otto von Bismarck, der ihm der geeignetste Mann für diesen wichtigen Posten erschien. Sein Vorschlag fand bei dem König Friedrich Wilhelm IV die vollste Zustimmung, der es nicht vergessen hatte, daß Bismarck in den Märztagen von 1848 ein ermutigendes Schreiben von tiefer Ergeben-heit und aufrichtiger Treue an ihn gerichtet hatte. Durch sein tapferes Eintreten für die Ehre und Machtstellung der preußischen Krone hatte Bismarck das volle Vertrauen des Königs gewonnen. Auf die an ihn gerichtete Anfrage, ob er geneigt sei, den in Rede stehenden Posten anzunehmen, erklärte sich Bismarck nach ernstlicher Prüfung bereit, dem Befehle des Königs zu folgen, falls dessen Wahl auf ihn fallen sollte. Der König war über den raschen Entschluß selbst etwas verwundert, da Bismarck im diplomatischen Dienste bisher ohne alle Erfahrung war. Als er ihn zu einer Audienz in Sanssouci empfing, hielt er es für nötig, ihn auf die Bedeutung und Schwierigkeit der Stellung aufmerksam zu machen, und seine Verwunderung über den Mut Bismarcks zur Annahme dieses Postens auszusprechen. Offen und ehrlich erwiderte dieser: „Und ich bewundere noch vielmehr den Mut Eurer Majestät, mich zu ernennen. Eure Majestät können es ja mit mir versuchen; geht es nicht, so ist es ja leicht, mich wieder nach Hause zu rufen."

So kam Bismarck im Mai 1851 zunächst als Legationsrat nach Frankfurt a. M. Eifersüchtig hielt ihn Herr von Rochow von allen eigentlichen Geschäften fern. Um so mehr Muße hatte Bismarck, sich mit den Personen und Verhältnissen, mit denen er es in seiner künftigen Stelle zu tun haben würde, vertraut zu machen. Schon am 18. August 1851 wurde Bismarck zum Bundestagsgesandten ernannt. Der ihm von Berlin aus gegebenen Weisung gemäß, ließ er es sich aufrichtig angelegen sein, das einträchtige Zusammenwirken Österreichs und Preußens, wie es in der Zeit des alten Bundestages Jahrzehnte hindurch zum Segen beider Mächte bestanden hatte, von neuem eintreten zu lassen. Aber sehr bald gelangte er durch

verdrießliche Erfahrungen zu der Überzeugung, daß jede Nachgiebigkeit nur dazu diente, die Anmaßung der österreichischen Politik zu steigern.

Fürst Schwarzenberg, der damals an der Spitze der österreichischen Regierung stand, hatte es unverhohlen als seinen Plan ausgesprochen, Preußen erst zu demütigen und dann zu vernichten. Dazu sollte ihm der Bundestag das Werkzeug werden. Osterreich nahm jede Gelegenheit wahr, um die Stimmen der deutschen Kleinstaaten gegen Preußen auszuspielen. Bismarck war nicht der Mann, sich diese Demütigung Preußens dauernd gefallen zu lassen. Er war der Überzeugung, daß die Monarchie Friedrich des Großen zur Unterwerfung unter die Mehrheit des Bundestages in keiner Weise verpflichtet war, und daß eine fortgesetzte Fügsamkeit den langsamen Niedergang Preußens herbeiführen müsse. Andererseits war ihm klar, daß ein etwaiges Alleinstehen des von ihm vertretenen Staates, wenn man nur mit fester Entschlossenheit und ohne

Schwanken verfuhr, keinerlei Gefahr haben konnte. Von dieser Überzeugung ließ er sich bei allen zur Verhandlung kommenden Bundesangelegenheiten leiten. Dabei sah er sich wiederholt in die Notwendigkeit versetzt, das Übergewicht, das Österreich durch den ihm im Bundestage zustehenden Vorsitz an sich schon besaß und welches es bei jedem Anlaß noch zu verstärken suchte, nach Möglichkeit einzuschränken. Er duldete keine Übergriffe, die sich der Vorsitzende Kollege hin und wieder erlaubte. Dies geschah namentlich unter dem Nachfolger Thuns, dem ränkevollen und unwahrhaften Herrn von Prokesch-Osten. Bismarck wußte der Willkürlichkeit, mit welcher sich die den Vorsitz führende österreichische Macht Befugnisse anmaßte, die ihr nicht zustanden, durch eine gründliche Umgestaltung der Geschäftsordnung, die er anregte und durchsetzte, abzuwehren. Selbst in Äußerlichkeiten hielt Bismarck auf die Wahrung seiner Stellung. Bezeichnend dafür ist ein von ihm selbst erzählter Vorgang. Bismarck kam eines Tages zu dem österreichischen Bundestagsgesandten Graf Thun, den er rauchend bei der Arbeit antraf. Der Graf

Exzellenz, darf ich um Feuer bitten?

bat ihn, einen Augenblick zu verziehen. Bismarck wartete eine Weile, als es ihm aber zu lange wurde und Graf Thun keine Miene machte, dem Gast eine Zigarre anzubieten, nahm Bismarck selbst eine und ersuchte den Grafen um Feuer, das er ihm mit etwas verdutztem Gesichte auch gab.

Schon in den Berichten, die Bismarck als Bundestagsgesandter an seinen Vorgestzten, den Minister der Auswärtigen Angelegenheiten Herrn von Manteuffel, erstattet hat, kommt wiederholt der Gedanke zum Ausdruck, daß es das Ziel einer gesunden preußischen Politik sein müsse, in den Beziehungen zu Deutschland sich von Österreich loszumachen.

So schreibt er in wahrhaft prophetischem Tone: „Ich will nur

meine Überzeugung aussprechen, daß wir in nicht zu langer Zeit für
unsere Existenz gegen Österreich werden fechten müssen, und daß es
nicht in unserer Macht liegt, dem vorzubeugen, weil der Gang der
Dinge in Deutschland keinen andern Ausweg hat."

Nachdem im November 1858, infolge der Übernahme der
Regentschaft durch den Prinzen von Preußen ein Wechsel des
Ministeriums eingetreten war, näherte sich Bismarcks Wirksamkeit
am Bundestage ihrem Ende. Frankreich und Italien rüsteten zum
Kriege gegen Österreich und in Wien versuchte man Preußen zur
Heeresfolge in dem bevorstehenden Kampfe zu drängen. Nach
Bismarcks Rat durfte sich die von Österreich begehrte Hilfe nur auf
den Fall beschränken, daß die deutsche Bundesgrenze angegriffen
werden sollte. Jedes Entgegenkommen darüber hinaus mußte nach
seiner Meinung von dem Benehmen Österreichs gegen Preußen
abhängig gemacht werden. Er konnte sich nicht für den Gedanken
erwärmen, daß Preußen dem Kaiserstaate die Last des Krieges
abnehmen solle, ohne irgend welche Verbesserung in Deutschland
zu erreichen. Am wenigsten aber vermochte er sich mit der
schwankenden Haltung zu befreunden, welche die preußische
Regierung dem drohenden Ausbruch eines französisch-
österreichischen Krieges gegenüber einnahm. Im März 1859 wurde
er von Frankfurt abgerufen und zum Gesandten in Petersburg
ernannt. Gehorsam folgte er diesem Befehle, wenn auch mit dem
Gefühle, daß er „an der Newa kalt gestellt werden sollte."

Bismarck als Gesandter in Petersburg und Paris

Noch im März 1859 mitten unter den Unbilden des russischen
Winters trat Bismarck die damals noch sehr beschwerliche Reise von
Frankfurt nach Petersburg an. Sechs Tage brauchte er zur Fahrt von
Königsberg bis Petersburg, die damals noch größtenteils zu Wagen
zurückgelegt werden mußte. Als er am 1. April 1859 dem russischen
Zar, Alexander II. sein Beglaubigungsschreiben überreichte, stand,
wie er selbst schreibt, die Newa noch fest wie Granit. Von dem
Kaiser Alexander wurde Bismarck aufs herzlichste empfangen und
auch zu dem russischen Minister der Auswärtigen Angelegenheiten,
Fürst Gortschakoff, trat er sehr bald in das freundlichste Einvernehmen. Auch an der Newa behielt Bismarck die deutschen
Verhältnisse und die Stellung, die nach seiner Überzeugung Preußen
in Deutschland erringen mußte, wenn es die durch seine Geschichte

ihm vorbezeichnete Aufgabe erfüllen sollte, fest im Auge. Preußen kam nicht dazu, für Österreich zu kämpfen, obwohl der Prinzregent nach dem Ausbruch des Krieges die Mobilmachung der ganzen preußischen Armee angeordnet hatte. Von Eifersucht auf Preußen erfüllt, beeilte sich Österreich den Frieden zu Villafranka abzuschließen; lieber verstand es sich dazu, die Lombardei abzutreten als auf sein Übergewicht und auf die Vorherrschaft in Deutschland zu Gunsten Preußens zu verzichten.

Unmittelbar nach der Beendigung des italienischen Krieges und der infolgedessen eingetretenen Zurückführung der preußischen Armee auf die Friedensstärke, nahm der Prinzregent das von ihm längst geplante große Werk der Heereserneuerung in Angriff, indem er zugleich den Gedanken einer besseren und einheitlicheren Gestaltung der Wehrverfassung auch ganz Deutschlands verfolgte, von deren Notwendigkeit ihn die während der Mobilmachung gemachten Erfahrungen überzeugt hatten. Die Umgestaltung und Erweiterung der preußischen Armee führte zu einem jahrelang währenden heftigen Streite mit dem Landtage, der in kurzsichtiger Verblendung die dafür erforderlichen Mittel verweigerte. Die Umgestaltung der Wehrverfassung Deutschlands und die in Vorschlag gebrachte Teilung des Oberbefehls im Bundesheere stieß im Bundestag auf Widerstand. In beiden Beziehungen wurde Bismarck vom König Wilhelm, der inzwischen am 2. Januar 1861 den Thron bestiegen hatte, zu Rate gezogen. Im Sommer 1861 hatte Bismarck über diese Angelegenheiten in Baden-Baden eine lange Unterredung mit dem Könige. Zugleich wurde ihm Gelegenheit gegeben, seine Gedanken über die von Preußen einzuschlagende Politik dem Könige in einer eingehenden Denkschrift darzulegen. Unverholen sprach sich Bismarck in ihr für die unabweisliche Notwendigkeit einer Beseitigung der jetzigen Bundesverfassung aus, durch welche Preußens Macht lahm gelegt werde. Auch er hielt eine starke Armee für Preußens Stellung und Aufgabe für unumgänglich notwendig, aber die erweiterte und vermehrte Armee sollte nach seiner Überzeugung vor allem das Werkzeug werden, um die deutsche Frage in einer der Würde und Macht Preußens entsprechenden Weise lösen zu können.

Inzwischen war der Streit mit dem Landtage wegen der Durchführung der Heeresreform immer heftiger entbrannt. Das liberale Ministerium, das König Wilhelm beim Antritt der Regentschaft berufen hatte, zeigte sich dem Ernst der Lage nicht gewachsen. Es nahm am 17. März 1862 seine Entlassung. Nur die Minister Graf Bernsdorff, von der Heydt und der Kriegsminister von Roon, den der König schon als Prinzregent zur Durchführung der Heeresreform in das Ministerium berufen hatte, behielten auch in dem neugebildeten Ministerium ihr Amt. Schon damals wurde dem Könige die Berufung Bismarcks an die Spitze des neugebildeten Ministeriums nahe gelegt. Aber bevor es dazu kam, sollte Bismarck erst noch auf einem anderen Posten wertvolle Erfahrungen sammeln. Er wurde von Petersburg abberufen und am 23. Mai 1862 zum Gesandten in Paris ernannt.

Wenig über drei Jahre hatte sein Aufenthalt in Petersburg gewährt; aber diese Zeit war ausreichend gewesen, um die freundschaftlichen Beziehungen Preußens zu dem großen östlichen Nachbar anzubahnen, die für unser Vaterland und für die preußische Politik bei den großen Unternehmungen der folgenden Jahre von so erheblichen Nutzen werden sollten. Aus der Zeit seines Petersburger Aufenthaltes sei hier noch nachträglich der Zusammenkunft der Herrscher von Rußland, Österreich und des Prinzregenten von Preußen gedacht, die im Spätherbst 1860 zu Warschau stattfand, und der Bismarck infolge einer Aufforderung des Prinzregenten beiwohnte. Noch viel kürzere Zeit, als der Aufenthalt in Petersburg gewährt hatte, sollte Bismarck den Gesandtschaftsposten bekleiden.

In Biarritz

Wie der König durch Bismarcks Entsendung nach Paris diesem vor allem Gelegenheit geben wollte, sich über die Verhältnisse in Frankreich genau an Ort und Stelle zu unterrichten und die nähere Bekanntschaft des Kaisers Napoleon zu machen, so war es auch Bismarck selbst während der kurzen Dauer seines Aufenthaltes in Paris vor allem darum zu tun, in Erfahrung zu bringen, welche Haltung der damals noch mächtige Kaiser Napoleon III. für den Fall einnehmen würde, daß Preußen entscheidende Schritte täte, um seine Macht und seinen Einfluß in Deutschland zu erweitern. Der Kaiser der Franzosen zeigte sich einer Verbesserung der preußischen Grenzen keineswegs abgeneigt; aber er tat dies jedenfalls in der Hoffnung, daß dabei auch für Frankreich Vorteile abfallen würden, und daß es ihm namentlich durch Zugeständnisse an Preußen gelingen werde, seine begehrlichen Absichten auf Belgien und die Rheingrenze bei sich darbietender Gelegenheit mit preußischem Beistände durchzuführen.

In Paris selbst hat sich Bismarck, während er den dortigen Gesandtschaftsposten bekleidete, wenig aufgehalten. Die damalige Wohnung des Preußischen Gesandten war ein sehr unbehaglicher Aufenthalt. Bismarck kam sich in ihr, wie er an seine Frau schreibt, vor „wie eine Ratte im wüsten Hause." Er unternahm daher noch einen Ausflug zur Industrie-Ausstellung nach London und begab sich dann auf eine längere Reise, um die milderen Lüfte des südlichen West-Frankreichs zu atmen. Hier verlebte er einen mehrwöchentlichen, Leib und Seele stärkenden Aufenthalt am Meeresstrande, währenddessen sich ihm in Biarritz Gelegenheit zu eingehenden und ungezwungenen Unterredungen mit dem dort weilenden Kaiser Napoleon darbot. Mit Behagen ließ er, Politik und Welthändel vergessend, den Blick in das vor ihm ausgebreitet liegende Meer hinaus und zu den Pyrenäen hinüberschweifen als ihn plötzlich eine Depesche aus Berlin zu den ernsten und schweren Aufgaben rief, die dort seiner warteten.

Der Ministerpräsident

Der Konflikt mit dem Abgeordnetenhause hatte sich im Verlauf der Sommermonate des Jahres 1862 immer mehr zugespitzt. Von neuem war der König genötigt gewesen, das Abgeordnetenhaus aufzulösen. Durch die Neuwahlen waren die Gegner der Regierung nur in verstärkter Zahl zurückgekehrt. Alle Versuche zu einer Verständigung scheiterten an dem Widerstand der Fortschrittspartei, die auch in dem neuen Abgeordnetenhause über die Mehrheit verfügte. Schon trug sich der König, dessen landesväterliches Herz unter diesen Widerstreit zwischen den verfassungsmäßigen Rechten des Landtages und seinen königlichen Pflichten unsäglich litt, mit dem Gedanken, die Regierung zu Gunsten seines Sohnes niederzulegen. Bei dieser Lage der Dinge galt es, eine feste Hand zu finden, die das Steuer des Staates durch die brandenden Wogen sicher hindurch zu leiten vermöchte. Durch die Berufung Bismarcks wurde sie gefunden. Gerade im entscheidenden Augenblicke, als die Krisis ihren Höhepunkt erreicht hatte, war Bismarck zur Stelle. Der schon längst innig mit ihm befreundete Kriegsminister von Roon hatte ihn veranlaßt, seine ohnehin beabsichtigte Reise nach Deutschland zu beschleunigen. Am 23. September 1862 hielt Roon dem Könige auf Befehl Vortrag über den verhängnisvollen Beschluß des Abgeordnetenhauses, die gesamten Kosten für die Heeresreform zu streichen. Auf die Frage des Königs, was nun werden sollte, kam Roon auf den schon so oft erteilten Rat zurück: „Berufen Ew. Majestät Bismarck!" Als darauf der König erwiderte: „Er wird nicht wollen, wird es jetzt auch nicht übernehmen, er ist auch nicht da, es kann mit ihm nichts besprochen werden," konnte ihm Roon antworten: „Er ist schon hier an Ort und Stelle und wartet nur auf Ew. Majestät Befehl." Die Folge war eine längere Unterredung des Königs mit Bismarck, nach welcher diesem vorläufig der Vorsitz im Staatsministerium übertragen wurde.

In der öffentlichen Meinung galt Bismarck für die Verkörperung des übermütigen Junkertums: „Bismarck ist der Staatsstreich" so ging in den Reihen des Fortschritts die Rede von Mund zu Mund. Man traute ihm die Absicht zu, die verfassungsmäßigen Rechte des Volks mit Füßen zu treten. In der Tat aber lag Bismarcks nichts ferner als der Gedanke an Staatsstreich und Verletzung der Verfassung. Als er am 29. September zum erstenmale im Abgeordnetenhause erschien, schlug er einen durchaus versöhnlichen Ton an, indem er erklärte, daß die Regierung gern die Hand dazu bieten werde, die entstandene Krisis mit Ehren zu beseitigen. Deutlich genug für jeden, der es verstehen wollte, sprach es aus, daß es sich bei der Heeresreform um Preußens Zukunft handele, indem er hinzufügte: „Preußen muß seine Kraft zusammenfassen und zusammenhalten für den günstigen Augenblick, der schon einigemale verpaßt ist. Preußens Grenzen, wie sie die Wiener Verträge geschaffen haben, sind zu einem gesunden Staatskörper nicht günstig. Nicht durch Reden und Majoritätsbeschlüsse werden die großen Fragen der Zeit entschieden — das ist der Fehler von 1848 und 1849 gewesen — sondern durch Blut und Eisen." Aber die auf ihr Budgetrecht pochenden Gegner zeigten sich solchen Erwägungen unzugänglich. Ihnen war es mehr um eine Kraftprobe ihrer parlamentarischen Macht als um die Zukunft des Vaterlandes zu tun. Das Abgeordnetenhaus verstand jene doch recht verständlichen Andeutungen über den Zweck der Heeresverstärkung nicht, oder wollte sie aus Abneigung und Mißtrauen gegen den ihm verdächtigen „Junker" nicht verstehen. Eines Tages zog Bismarck während einer Rede, in welcher einer der heftigsten Gegner über das verfassungswidrige Gebahren der Regierung donnerte, einen Ölzweig aus seiner Brieftasche und legte ihn vor sich auf dem Tische nieder, indem er dem ihm zunächst sitzenden fortschrittlichen Abgeordneten zuflüsterte: „Ich habe ihn in Avignon gepflückt, um ihn hier meinen früheren Gegnern als Friedenszeichen zu bieten; aber ich sehe wohl, daß die Zeit dazu noch nicht gekommen ist." Es sollten noch Jahre vergehen, bis sie gekommen war. Der Landtag mußte am 13. Oktober geschlossen werden, ohne daß eine Verständigung erreicht war. Vor dem Schluß erklärte Bismarck, der inzwischen am 8. Oktober zum Ministerpräsidenten und Minister der Auswärtigen Angelegenheiten ernannt worden war, daß sich die Regierung, nachdem kein Staatshaushaltgesetz zu stande gekommen war, nunmehr in die Notwendigkeit versetzt sehe, den Staatshaushalt ohne die in der Verfassung vorausgesetzte Unterlage führen zu müssen. Doch sei sie sich der Verantwortlichkeit in vollem Maße bewußt, die für sie aus diesem beklagenswerten Zustande erwachse.

Auch nach Eröffnung des Landtages im Januar 1863 fuhr Bismarck fort, seine Mäßigung zu bewahren und die Hand zur Versöhnung zu bieten. Aber die Rechte der Krone, auf deren Kosten die Mehrheit ihre parlamentarische Macht zu erweitern bestrebt war, waren ihm unantastbar, und auf die Drohungen und Herausforderungen seiner aufs höchste erbitterten und verbissenen Gegner, die von einem „Ministerium von Seiltänzern," vom „Kainszeichen des Eidbruchs, das die Heereserneuerung an ihrer Stirn trage" und von anderen anmutigen Dingen der Art sprach, blieb er die Antwort nicht schuldig. „Was die Verfassung Ihnen an Rechten zubilligt, soll Ihnen unverkürzt werden, was Sie darüber hinaus verlangen, das werden wir ablehnen und Ihren Forderungen gegenüber die Rechte der Krone mit Ausdauer wahrnehmen" — so klang es immer wieder aus seinen machtvollen Reden heraus.

In diesem Kampfe für die Rechte des Königtums hat Bismarck in den folgenden Jahren der sogenannten Konfliktszeit mit unerschütterlicher Treue ausgehalten und allen gegen seine Person gerichteten Angriffe unerschrocken Trotz geboten.

Der schleswig-holsteinische Krieg

Neben den Wirren im Inneren nahmen die auswärtigen Angelegenheiten die Zeit und Kraft Bismarcks vollauf in Anspruch. Als im Januar 1863 in Russisch-Polen ein großer Aufstand ausbrach, der der russischen Regierung um so größere Verlegenheit bereitete, je mehr sich Frankreich und England, sowie auch Österreich geneigt zeigte, denselben zu begünstigen, da nahm Bismarck in staatsmännischer Weisheit diese Gelegenheit wahr, sich Rußland durch den Abschluß eine Grenzkonvention zu verpflichten, durch welche dem östlichen Nachbar die Unterdrückung des Aufstandes wesentlich erleichtert wurde. Bismarck hat sich dadurch schon damals die wohlwollende Haltung Rußlands, für spätere Unternehmungen, die ihm vorschweben mochten, gesichert. — Gleichzeitig wurden mit Österreich Verhandlungen zur Herbeiführung einer Verständigung über eine Umgestaltung des deutschen Bundes gepflogen. Unverhohlen sprach es Bismarck gegen den Vertreter des Kaiserstaates in Berlin als seine Überzeugung aus, daß die Beziehungen Preußens zu Österreich unvermeidlich entweder besser oder schlechter werden müßten, und daß Preußen bei dem geringen Entgegenkommen des österreichischen Kabinets genötigt sei, den Fall einer Verschlechterung dieses Verhältnisses vorzusehen. Er ließ ihm keinen Zweifel darüber, daß ein Bündnis Preußens mit einem Gegner Österreichs im gegebenen Falle keineswegs ausgeschlossen sein würde. Trotzdem fuhr Österreich fort, in Frankfurt am Bundestage Preußens Stellung von neuem zu gefährden, und immer neue Versuche zu machen, den Einfluß Preußens lahm zu legen. In dieser Richtung bewegten sich namentlich die Vorschläge zu einer Reform des Deutschen Bundes, mit dem Österreich im Sommer 1863 ganz unerwartet hervortrat, und mit denen König Wilhelm bei einem Besuche, den ihm der Kaiser Franz Joseph in Gastein machte, plötzlich überrascht wurde. Nach diesen Vorschlägen sollte schon in der allernächsten Zeit in Frankfurt a. M.

ein Fürstenkongreß zusammentreten, um über die geplanten Reformen zu beraten. Bismarck und mit ihm das gesamte preußische Staatsministerium konnten dem König nur raten, seine Teilnahme an dem geplanten Fürstenkongretz abzulehnen. Der König blieb denn auch dem am 16. August zu Frankfurt a. M. zusammentretenden Fürstenkongresse fern, und auch ein persönlicher Besuch, den ihm König Johann von Sachsen in Baden-Baden machte, um im Namen der versammelten deutschen Fürsten die an ihn schriftlich ergangene Einladung nochmals mündlich zu wiederholen, vermochte nicht, ihn in diesem Entschlüsse wankend zu machen.

Durch diese die Teilnahme am Fürstenkongreß betreffenden Verhandlungen war das Verhältnis zwischen Preußen und Österreich nur ein gespannteres geworden. Dennoch gelang es Bismarck, in der bald darauf brennend gewordenen schleswig-holsteinischen Frage ein gemeinsames Vorgehen Preußens und Österreichs herbei-zuführen. Wiederholt hat Bismarck es selbst ausgesprochen, daß er alle Ursache habe, auf die in dieser Frage erzielten Erfolge ganz besonders stolz zu sein.

Der Krieg, welchen Preußen in den Jahren 1848/49 für die Rechte der Herzogtümer Schleswig-Holstein und deren Zuge-hörigkeit zu Deutschland geführt hatte, war mit der Preisgebung Schleswigs an Dänemark unrühmlich beschlossen worden. Durch das Londoner Protokoll vom Jahre 1852, das neben den anderen Großmächten auch Österreich und Preußen nicht aber der Deutsche Bund mitunterzeichnet hatte, war die Thronfolge in Dänemark dahin geregelt worden, daß Herzog Christian von Holstein-Sonderburg-Glücksburg den dänischen Thron erben solle. Zugleich war ausbedungen worden, daß Schleswig dem dänischen Reiche niemals einverleibt werden dürfe. Friedrich von Hessen und Herzog Christian von Augustenburg hatten auf die von ihnen geltend gemachten Erbansprüche ausdrücklich Verzicht geleistet. Am 13. November 1863 starb König Friedrich VII. von Dänemark. Sein Nachfolger, der als Christian IX., den dänischen Thron bestieg, trat seine Regierung damit an, daß er am 18. November einen Verfassungsentwurf unterzeichnete, durch welchen den Bestimmungen des Londoner Protokolls zuwider Schleswig dem dänischen Königreiche einverleibt wurde. Damit war zugleich die Trennung Schleswigs von Holstein gegeben, deren ungeteilte Zusammengehörigkeit in dem Londoner Protokoll ebenfalls verbrief worden war. Unmittelbar nach dem Tode König Friedrich VII. erneuerte Herzog Friedrich von

Augustenburg trotz der Verzichtleistung seines Vaters seine Erbansprüche auf Schleswig-Holstein, und es entstand in ganz Deutschland eine lebhafte Bewegung zu Gunsten des verlassenen Bruderstammes und Friedrichs von Augustenburg. Der deutsche Bundestag beschloß am 7. Dezember Holstein zu besetzen und am 28. Dezember marschierten 12 000 Sachsen und Hannoveraner in Holstein ein. Österreich und Preußen stellten beim Bunde den gemeinsamen Antrag, der Bund solle Dänemark auffordern, die Verfassung, durch welche Schleswig in Dänemark einverleibt worden war, wieder aufzuheben und im Falle einer Weigerung, dieses Herzogtum als Pfand für die Erfüllung jenes Verlangens besetzen. Als der Bundestag diesen Antrag ablehnte und ohne weiteres für die Ansprüche des Herzogs Friedrich von Augustenburg auf Schleswig-Holstein einzutreten beschloß, erklärten Preußen und Österreich, daß sie nunmehr in ihrer Eigenschaft als Großmächte, die am Londoner Protokoll beteiligt waren, die Sache Schleswig-Holsteins selbständig in die Hand nehmen würden. Im preußischen Landtage stieß dieses Vorgehen der preußischen Regierung auf den lebhaftesten Widerstand. Auch hier wollte man ohne weiteres die Ansprüche des Augustenburgers auf Schleswig-Holstein unterstützen. Die von der Regierung für den Krieg gegen Dänemark geforderten Geldmittel wurden vom Abgeordnetenhause verweigert, worauf Bismarck rundweg erklärte: „In diesem Falle werden wir das Geld nehmen, wo wir es finden." Am 16. Januar 1864 richteten die verbündeten Mächte Preußen und Österreich an Dänemark die Aufforderung, die Novemberverfassung zurückzunehmen, und als diese Forderung zurückgewiesen wurde, erklärten sie gemeinsam an Dänemark den Krieg. Die Truppen der Verbündeten rückten in Holstein und bald darauf in Schleswig ein. Die Ereignisse auf dem Kriegsschauplatz nahmen einen raschen Verlauf. Der Räumung des Dannewerks folgte am 18. April nach längerer Belagerung die Erstürmung der Düppeler Schanzen. Ganz Schleswig und ein großer Teil Jütlands wurden in schnellem Siegeslaufe von den verbündeten österreichischen und preußischen Truppen besetzt. Auf Betreiben Englands trat in den Unternehmungen auf dem Kriegsschauplatz eine kurze Unterbrechung ein. Durch eine in London zusammentretende Ministerkonferenz der europäischen Mächte wurde für die Zeit'vom 12. Mai bis 26. Juni ein Waffenstillstand vereinbart. Aber infolge der Hartnäckigkeit Dänemarks, das alle Vermittelungsvorschläge abwies, blieben die Verhandlungen der Konferenz ohne jedes Ergebnis.

Die Kanonen kamen wieder zu ihrem Rechte. Nachdem die Insel Alsen unter Führung des Prinzen Friedrich Karl am 29. Juni 1864 erobert und ganz Jütland besetzt worden war, bat Dänemark um Frieden. Die Verhandlungen über denselben wurden zu Wien geführt und am 30. Oktober auf der Grundlage abgeschlossen, daß der König von Dänemark die Herzogtümer Schleswig, Holstein und Lauenburg an den König von Preußen und Kaiser von Österreich abtrat. Ein glänzender Erfolg war erzielt: Schleswig-Holstein war vom dänischen Joche befreit und dem deutschen Vaterlande zurückgegeben worden. In Anerkennung der Verdienste, die sich Bismarck durch die Erreichung dieses Zieles erworben hatte, wurde ihm der schwarze Adlerorden verliehen.

Während bis zum Abschluß des Wiener Friedens Österreich und Preußen in der schleswig-holsteinischen Frage Hand in Hand gegangen waren, begann nun sehr bald wieder der alte Gegensatz in verschärftem Maße sich geltend zu machen. Österreich unterstützte offen die Ansprüche des Herzogs Friedrich von Augustenburg. Bismarck glaubte aber die Anerkennung desselben nur unter der Bedingung zulassen zu dürfen, daß die Militärkraft der Herzogtümer, sowie das Post- und Telegraphenwesen unter preußische Oberhoheit gestellt und der Kieler Hafen an Preußen abgetreten würde. Preußen durfte nicht dulden, daß in Schleswig-Holstein ein neuer Mittelstaat geschaffen würde, der unter Umständen im Deutschen Bundestage seine Gegner verstärkte. Als die Mehrheit des Frankfurter Bundestages sich für die Einsetzung des Augustenburgers erklärte, legte Preußen gegen diesen von Österreich unterstützten Plan Widerspruch ein. Schon im Sommer 1865 schien daher der gemeinsame Besitz der Elbherzogtümer der Anlaß zu einem Kriege zwischen Preußen und Österreich werden zu sollen. Doch gelang es damals noch, denselben durch Verhandlungen vorzubeugen, die während des Aufenthaltes des König Wilhelms in Gastein zwischen Bismarck und Graf Blome, dem österreichischen Gesandten in München, gepflogen wurden. Am 14. August 1865 wurde zwischen Österreich und Preußen der Vertrag zu Gastein abgeschlossen, in welchem Preußen und Osterreich unbeschadet der Rechte beider Großmächte auf die Elbherzogtümer, die Regierung derselben in der Weise unter sich teilten, daß Preußen in Schleswig, Österreich in Holstein die Regierung und Verwaltung übernahm. Lauenburg wurde gegen Zahlung von 2,5 Millionen Talern an Preußen abgetreten. Am 15. September, dem Tage der Besitzergreifung

Lauenburgs durch Preußen wurde Bismarck in den erblichen Grafenstand erhoben. Nach den Anstrengungen, die mit allen den aufreibenden Verhandlungen vor dem Abschluß dieses Vertrages verbunden gewesen waren, bedurfte Bismarck der Erholung. Er suchte sie in Biarritz, wo er wiederum Gelegenheit hatte, mit Kaiser Napoleon zusammenzutreffen, und mit diesem in regem Gedankenaustausch die Politische Lage zu besprechen, die nach seiner Überzeugung immer mehr zu einer Auseinandersetzung zwischen Österreich und Preußen drängte. Gewiß haben die damals zwischen Bismarck und dem Kaiser stattgehabten Unterredungen dazu beigetragen, daß Frankreich beim späteren Ausbruch des Krieges zwischen Österreich und Preußen Neutralität bewahrte.

Der Krieg gegen Österreich

Graf Bismarck sah den Gasteiner Vertrag von Anfang an nur als einen Waffenstillstand an. Er war ihm, wie er schon am 14. August von Gastein aus seiner Gemahlin schrieb, nur eine „Verklebung der Risse im Bau". Immer offener unterstützte Österreich, ohne auf Preußen Rücksicht zu nehmen, die Umtriebe des Augustenburgers und seiner Partei. Alle Gegenvorstellungen Preußens gegen diese Begünstigung des Augustenburgers blieben erfolglos. Dabei ließen die Ansammlungen österreichischer Truppen an der preußischen Grenze keinen Zweifel darüber, daß Osterreich selbst es auf den Krieg mit Preußen abgesehen hatte. In Voraussicht desselben leitete Graf Bismarck Unterhandlungen ein, durch welche Italien für den Fall des Krieges zum Bundesgenossen gewonnen wurde. Die Mehrheit des preußischen Abgeordnetenhauses, noch immer von Mißtrauen gegen Bismarcks Absichten erfüllt, war dem Kriege gegen Österreich durchaus abgeneigt. Auch nach den ruhmvollen Ereignissen von 1864 beharrte das Abeordnetenhaus auf der Ablehnung der Heeresreform und der Verweigerung der für sie erforderlichen Geldmittel. Ja es erklärte die zum Zweck der Kriegführung „geschehene Entnahme von Geldern aus dem Staatsschatze ohne gesetzliche Ermächtigung der Landesvertretung für verfassungswidrig." Die Verblendung des Abgeordnetenhauses ging sogar so weit, daß es die Vereinigung des Herzogtums Lauenburg mit der Krone Preußen für rechtsungiltig erklärte, so lange nicht die verfassungsmäßige Zustimmung beider Häuser erfolgt sei. Unglaubliches wurde in jenen Tagen, in denen der Krieg vor der Tür stand, in der Verunglimpfung Bismarcks geleistet. In den weitesten Kreisen des Volkes war die Stimmung gegen den Krieg, den man als einen Bruderkrieg bezeichnete. In hochtrabenden Erklärungen wurde gegen die Politik Bismarcks Verwahrung eingelegt und ihm mit dem Fluche der Nation gedroht. Solche Hetzereien blieben nicht ohne Frucht. Am 7. Mai machte ein junger Mann auf offener Straße einen Mordversuch auf den Grafen Bismarck; als dieser vom Vortrag beim König nach Hause zurückkehrend ruhig „Unter den Linden" ging. Aber sichtlich waltete Gottes Hand schützend über dem in diesem Augenblicke dem Vaterlande doppelt unentbehrlichen Mann. Von den in unmittelbarer Nähe unsicher abgefeuerten fünf Schüssen streifte nur leicht einer eine Rippe.

Der Täter, ein Stiefsohn des demokratischen Flüchtlings Blind, entzog sich dem irdischen Gericht durch Selbstmord, den er noch in derselben Nacht mit einem Taschenmesser an sich vollzog. In einem Briefe an seinen Stiefvater hatte er den festen Entschluß ange-

Schlacht bei Königgrätz

kündigt, den Grafen Bismarck zu töten, weil er der ärgste Feind der deutschen Freiheit wäre.

Auch dem Könige selbst gegenüber hatte Graf Bismarck während der Vorbereitungen zum Kriege einen schweren Stand. Es währte lange und kostete manchen heißen Kampf, bis er die Abneigung des Königs, der von Kindheit an gewöhnt war, auf die Verbrüderung zwischen Österreich und Preußen den größten Wert zu legen, gegen einen Krieg wider den Verbündeten aus den Tagen der Befreiungskriege überwunden, und ihn von der Notwendigkeit des Krieges überzeugt hatte.

Die gesamte preußische Armee war schon längst mobil gemacht und hatte sich unter dem Oberbefehl des Kronprinzen, des Prinzen Friedrich Karl und des General Herwarth von Bittenfeld in drei

Heeresabteilungen der österreichischen Grenze genähert, als der König die Hoffnung auf eine friedliche Verständigung noch immer nicht aufgeben wollte. Aber alle dahin gerichteten Versuche erwiesen sich als vergeblich. Österreich brachte die Schleswig-Holsteinische Sache an den Bundestag und stellte bei diesem den Antrag auf die Mobilmachung des Bundesheeres gegen Preußen. Darin lag schon eine tatsächliche Kriegserklärung. Mit der Annahme dieses Antrages am 14. Juni 1866 war der Krieg gegen Österreich und die zu ihm haltenden deutschen Bundesstaaten unvermeidlich geworden. Der glänzende und siegreiche Verlauf desselben ist in aller Gedächtnis. Bismarck begleitete am 30. Juni den König auf den Kriegsschauplatz und wohnte an seiner Seite der Entscheidungsschlacht von Königgrätz am 3. Juli bei. Als der König im Verlaufe der Schlacht sich mehr als nötig dem feindlichen Granatfeuer aussetzte, hielt es Graf Bismarck für seine Pflicht, an ihn mit den Worten heranzureiten: „Als Major habe ich Ew. Majestät keinen Rat zu erteilen, als Ministerpräsident bin ich aber verpflichtet, Ew. Majestät zu bitten, Sich nicht auf diese Weise der Gefahr auszusetzen!" Lächelnd erwiderte der König: „Wo soll ich denn aber als Kriegsherr hinreiten, wenn meine Armee im Feuer steht?" Aber er verließ doch, wenn auch ungern, die gefährliche Stelle.

Kaum aber war auf den Schlachtfeldern die Arbeit mit den Waffen getan, als für Graf Bismarck die Arbeit erst recht anfing. Kaiser Franz Joseph rief nach den schweren Niederlagen seiner Heere die Vermittelung des Kaiser Napoleon an, und dieser war nur allzu bereit, die Rolle des Schiedsrichters zu übernehmen. Schon in der Nacht vom 4. zum 5. Juli lief im preußischen Hauptquartier zu Horitz ein Telegramm Kaiser Napoleons ein, in welchem er der Hoffnung Ausdruck gab, König Wilhelm werde nach so großem Erfolge seine Bemühungen zur Herstellung des Friedens gern annehmen, indem er zugleich einen Waffenstillstand vorschlug. Das Anerbieten wurde nicht zurückgewiesen, aber der Austritt Österreichs aus dem Deutschen Bunde, die Errichtung eines neuen Bundesstaates mit nationaler Grundlage und eine Vergrößerung Preußens zum Zwecke der Verbindung der jetzt getrennten Teile der Monarchie zur Vorbedingung des Waffenstillstandes gemacht. Auf dieser Grundlage wurden im Einvernehmen mit Italien die Verhandlungen über eine fünftägige Waffenruhe geführt, während dessen im königlichen Hauptquartier zu Nikolsburg über die Herbeiführung des Friedens weitere Verhandluugen gepflogen wurden. Durch den hier am 26. Juli abgeschlossenen Präliminarfrieden wurde Deutschlands nationale Entwickelung unter Preußens Führung gesichert. Wenn jemals, so hat sich Bismarck in den zu Nikolsburg geführten Friedensverhandlungen als ein Meister ohne gleichen auf dem Gebiete der Staatskunst bewährt, vor allem durch die große Mäßigung, die er in den von Preußen gestellten Friedensbedingungen bewies. Es war ihm nicht um Demütigung des besiegten Gegners zu tun, sondern um einen dauernden Frieden und um Deutschlands Einigung zu erhöhter Macht.

Auch die süddeutschen Staaten, die an Österreichs Seite gegen Preußen gekämpft hatten, wurden in den mit ihnen abgeschlossenen Friedensverträgen aufs schonendste behandelt. Durch das mit ihnen abgeschlossene, vorläufig noch geheim gehaltene, Schutz- und Trutzbündnis wußte Bismarck dem neubegründeten Norddeutschen Bunde ihren Beistand für die Zukunft zu sichern. Dagegen hatte er es meisterhaft verstanden, die Rechnung Napoleons zu schanden zu machen, der bei dieser Gelegenheit gehofft hatte, durch seine Vermittelungsdienste eine Gebietserweiterung am Rhein für sich herauszuschlagen. Mit dem Frieden nach außen brachte Graf Bismarck auch den Frieden im Innern in das Vaterland zurück, als er mit seinem sieggekrönten Könige am 4. August von dem Kriegsschauplatz nach Berlin zurückkehrte. In der Thronrede, mit welcher König Wilhelm am 5. August den Landtag eröffnete, dessen Abgeordnetenhaus durch die inzwischen vollzogenen Neuwahlen ein ganz anderes geworden war, wurde auf den Rat Bismarcks die Vorlage eines Gesetzes angekündigt, durch welches der Landtag seine nachträgliche Genehmigung zu der in den letzten Jahren ohne Staatshaushaltsgesetz geführten Verwaltung erteilen sollte. Der Landtag bewilligte die nachgesuchte „Indemnität" und damit wurde der jahrelange Streit zwischen Regierung und Volksvertretung geschlichtet. — Als am 20. September 1866 die siegreichen Truppen in Berlin ihren Einzug hielten, ritt Graf Bismarck zwischen dem Kriegsminister von Roon und General Moltke dem Könige voraus. Mit lautem Jubel wurde nun von allen Seiten der bisher so verhaßte und vielgeschmähte Minister neben seinem Könige als der Held des Tages begrüßt. König Wilhelm beförderte ihn am Einzugstage zum Generalmajor und ernannte ihn zum Chef des schweren siebenten Landwehr-Reiterregiments. Als Nationaldank aber wurde ihm später eine ansehnliche Dotation verliehen, die er zum Ankauf eines ausgedehnten Grundbesitzes in Pommern verwandte, der die Güter

Varzin, Wussow, Puddiger, Misdow, Chomitz und das Vorwerk Charlottenthal umfaßte und der später noch durch den Ankauf des Gutes Seelitz und des Rittergutes Alt-Chorow erweitert und abgerundet worden ist. Varzin wurde nun für die nächsten Jahre der Lieblingsaufenthalt Bismarcks, in dem er sich gern von den Mühen und Anstrengungen seiner sich immer mehr erweiternden Arbeit im Dienste des Vaterlandes erholte.

Der Bundeskanzler

Durch den am 23. August 1866 zu Prag abgeschlossenen Frieden war Preußen Herr im eigenen Hause geworden. Die preußische Monarchie hatte durch die Einverleibung Hannovers, Kurhessens, Nassaus, Schleswig-Holsteins und der freien Stadt Frankfurt einen erheblichen Länderzuwachs erhalten. Die Vereinigung Norddeutschlands bis an die Mainlinie unter preußischer Führung war gesichert. Unverweilt ging Graf Bismarck ans Werk, um die übrigen norddeutschen Staaten mit dem so gestärkten und innerlich gefestigten Preußen zum Norddeutschen Bunde zusammen zu schließen. Am 24. Februar 1867 trat zum erstenmal der durch allgemeines Stimmrecht gewählte Reichstag des Norddeutschen Bundes in Berlin zusammen. Seine Hauptaufgabe war die Beratung der ihm vorgelegten Bundesverfassung, die, wenn auch vorläufig auf Norddeutschland beschränkt, die lang ersehnte Einigung des deutschen Vaterlandes ihrer Verwirklichung entgegen führen sollte. Eine glänzende Rede, in welcher Graf Bismarck den Reichstag mahnte ohne Zeitverlust und ohne sich durch einzelne unerfüllt gebliebene Wünsche beirren zu lassen, den Grundstein zum Einigungswerke zu legen, schloß mit den denkwürdigen Worten: „Meine Herren, arbeiten wir rasch, setzen wir Deutschland nur sozusagen erst in den Sattel! Reiten wird es schon können." Diesmal war seine Mahnung keine vergebliche. Schon am 16. April 1867 wurde der Verfassungsentwurf mit 230 gegen 52 Stimmen angenommen und am 1. Juli konnte die Verfassung bereits in Kraft treten. Während sie der Volksvertretung in betreff der Gesetzgebung, sowie des Finanz- und Steuerwesens die wichtigsten Rechte einräumte, wurde die Militärmacht, die neubegründete Marine, das Post- und Telegraphenwesen und die Leitung der auswärtigen Angelegenheiten der starken und einheitlichen Leitung unter preußischer Führung unterstellt. Am 14. Juli 1867 wurde Graf Bismarck zum Bundeskanzler ernannt und damit zum Vorsitzenden im Bundesrate, zum Hüter der Gesetze und Einrichtungen des Bundes und zum Leiter der auswärtigen Politik.

Mußte auch der Anschluß Süddeutschlands an den Norddeutschen Bund vorläufig noch der zukünftigen Entwickelung vorbehalten bleiben, so wußte doch Bismarck schon jetzt auf wirtschaftlichem Gebiete zwischen dem Norden und Süden Deutschlands engere Bande zu knüpfen. Mit den süddeutschen Staaten wurde auf neuer Grundlage ein Zollvertrag abgeschlossen, zu dessen Bestimmungen auch die Einführung eines Zollparlamentes gehörte, das am 27. April 1868 zum erstenmal zusammentreten konnte, und das sich bald als ein mächtiges Band der Einheit erweisen sollte. Die Besorgnis, daß durch diese Einheitsbestrebungen die Eifersucht des Auslandes geweckt und der Friede gefährdet werden könne, wies der Bundeskanzler in einer der von ihm im Zollparlament gehaltenen Reden mit den mannhaften Worten zurück: „Allen, die eine solche Besorgnis hegen und aussprechen, gebe ich zu bedenken, daß ein Appell an die Furcht in deutschen Herzen niemals ein Echo findet.“ Während der Norddeutsche Reichstag auch in den nächstfolgenden Jahren seine Arbeit an dem innern Ausbau des Norddeutschen Bundes rüstig fortsetzte, wurde durch die ferneren Verhandlungen des Zollparlamentes, das im Jahre 1869 abermals zusammentrat, auch der künftigen völligen Einigung des Nordens mit dem Süden weiter vorgearbeitet. „Es war, wie ein echt deutsch gesinnter bayrischer Abgeordneter des Zollparlaments treffend bemerkte, in deutschen Landen Frühling geworden.“

Der Krieg gegen Frankreich und die Begründung des neuen deutschen Reiches

Die Eitelkeit des französischen Volkes konnte die Siege Preußens und die Machtstellung, die es seit dem Jahre 1866 gewonnen hatte, nicht verschmerzen. „Rache für Sadowa“ war in Frankreich das Losungswort geworden und Kaiser Napoleon vermochte dem Drängen nach dem Kriege gegen Preußen für die Dauer nicht Widerstand zu leisten. Schon unmittelbar nach dem Abschluß des Friedens mit Österreich im Jahre 1866 hatte der französische Gesandte Benedetti Bismarck gegenüber Andeutungen fallen lassen über französische Gebietserweiterungen am Rhein, die Napoleon erstrebte. Preußen sollte dazu die Hand bieten, zum Entgelt für den

Länderzuwachs, den es im österreichischen Kriege gewonnen und den Frankreich zugelassen hatte. Bismarck hatte diese Zumutung selbst auf die Gefahr eines sofortigen Krieges mit Frankreich aufs entschiedenste zurückgewiesen. Um dem französischen Nationalgefühl Genugtuung zu verschaffen, versuchte Napoleon im Jahre 1867 das Großherzogtum Luxemburg, in welchem Preußen zur Zeit des deutschen Bundes das Besatzungsrecht gehabt hatte, durch geheime Unterhandlungen mit dem König der Niederlande für Frankreich zu gewinnen. Der feingesponnene Plan rief in Deutschland eine allgemeine Aufregung hervor. Der Friede hing schon damals nur an einem Haare, und es bedürfte der ganzen Klugheit und Mäßigung des Bundeskanzlers, um ihm vorzubeugen. Ein heilsamer Dämpfer wurde den Kriegsgelüsten Napoleons dadurch aufgesetzt, daß Bismarck die bis jetzt geheim gehaltenen Bündnisverträge mit den süddeutschen Staaten veröffentlichte. Die Luxemburger Angelegenheit wurde dahin geregelt, daß das Großherzogtum Luxemburg für neutral erklärt wurde und Preußen auf sein Besatzungsrecht verzichtete. Aber auch jetzt gab Napoleon seine Versuche, auf irgend welchem Wege zu Gebieterweiterungen an seiner östlichen Grenze zu gelangen, nicht auf, ohne jedoch bei Bismarck ein willigeres Ohr zu finden. Als nun Frankreich sich für hinlänglich gerüstet hielt, suchte man mit Gewalt zu erreichen, was auf dem Wege listiger und schmeichlerischer Anträge nicht durchzusetzen gewesen war. Ein Anlaß zum Kriege, wenn er ein mal gesucht wird, ist leicht zu finden. So war es auch hier. Ein unvorhergesehener Zwischenfall genügte, um die längst unter der Asche glimmende Kriegsgefahr in hellen Flammen auflodern zu lassen. Die Spanier hatten im Jahre 1868 ihre tugendhafte Königin Isabella entthront und aus dem Lande gejagt und, da es mit der Republik in dem von Parteien zerrissenen Lande nicht gehen wollte, sahen sie sich nach einem neuen Könige um. Nach verschiedenen anderen vergeblichen Versuchen lenkten sich die Blicke Spaniens auf den damaligen Erbprinzen Leopold von Hohenzollern, den ältesten Sohn des Fürsten Anton von Hohenzollern-Sigmaringen. Eine spanische Deputation wurde an denselben abgesandt, um ihm die Königskrone anzubieten. Die längst gegen Preußen gereizten und aufgehetzten Franzosen sahen in der Annahme derselben seitens des Gewählten eine neue Kränkung und Herausforderung ihrer Nation. Während König Wilhelm, wie alljährlich um diese Zeit in friedlichster Stimmung zum Kurgebrauch in Ems weilte, erschien dort der französische Botschafter Graf Benedetti, um im Auftrage seiner Regierung an den König die Forderung zu stellen, er solle zur Beschwichtigung Frankreichs dem Prinzen die Verzichtleistung auf den spanischen Thron anbefehlen.

Bismarck und Benedetti

In ruhigster Weise wurde ihm erwidert, daß dem König die ganze Angelegenheit fremd sei, und er kein Recht habe, der freien Entschließung des Prinzen Zwang anzutun. Persönlich hatte er nicht unterlassen, von der Annahme des spanischen Thrones abzuraten. Durch den freiwilligen Rücktritt des Prinzen von der spanischen Thronkandidatur schien der ganze Streit schon beendet, als der französische Botschafter am 13. Juli plötzlich die neue Forderung stellte, König Wilhelm solle sich für alle Zeiten verpflichten, niemals seine Zustimmung zu geben, wenn die Hohenzollern oder die Spanier jemals auf diese Kandidatur zurückkommen sollten. Auf diese herausfordernde Zumutung, durch welche in dem Könige die gesamte deutsche Nation beleidigt war, ließ König Wilhelm dem Gesandten durch seinen Adjutanten die Antwort erteilen, daß er ihm in dieser Angelegenheit nichts mehr mitzuteilen habe. Trotzdem wagte es Benedetti noch, sich dem Könige auf der Promenade in den Weg zu stellen, und die verletzende Zumutung noch einmal zu wiederholen. Der König lehnte jede weitere Erörterung ab. Die

Kunde von den Vorgängen in Ems rief nicht bloß in Preußen, sondern in ganz Deutschland die allgemeinste Entrüstung hervor. Das ganze Volk durchzuckte das Gefühl, daß der Krieg unvermeidlich geworden sei, und allerwärts ertönte die „Wacht am Rhein" mit ihrem zündenden Aufruf zum Kampfe. In rascher Aufeinanderfolge drängten sich die Ereignisse. Am 14. Juli erfolgte die Abberufung des preußischen Botschafters aus Paris, und am folgenden Morgen schon trat der König seine Rückreise von Ems nach Berlin an. Überall, wo der Sonderzug, der ihn heimführte, vorbei kam, wurde der König mit begeistertem Jubel begrüßt. Die aus Paris eingetroffene Nachricht, daß der Krieg beschlossen sei, beantwortete der König mit dem noch während der Fahrt unterzeichneten Befehle zur Mobilmachung der ganzen Armee.

Graf Bismarck war inzwischen auf die erste Nachricht über die von seiten Frankreichs erhobene Einsprache gegen die hohenzollernsche Kandidatur aus seinem ländlichen Aufenthalt zu Varzin nach Berlin geeilt. Mit dem Kronprinzen, dem Kriegsminister von Roon und dem General Moltke fuhr er dem Könige bis Brandenburg entgegen. Auf den 19. Juli wurde der Reichstag des Norddeutschen Bundes zu einer außerordentlichen Sitzung einberufen, in welcher Graf Bismarck die inzwischen eingegangene französische Kriegserklärung mitteilte. Einstimmig bewilligte der Reichstag am 21. Juli die von der Regierung für die Kriegführung geforderten Mittel. Die süddeutschen Staaten hatten inzwischen auf Grund der mit ihnen abgeschlossenen Bündnisse ihre Teilnahme am Kriege gegen Frankreich zugesichert und ihre Truppen unter den Oberbefehl des Bundesfeldherrn gestellt. Am 31. Juli reiste der Bundeskanzler mit dem Könige, von den Gebeten und Segenswünschen ganz Deutschlands begleitet, von Berlin ab, um in Mainz, wo das Hauptquartier zunächst aufgeschlagen wurde, die nächsten Ereignisse auf dem Kriegsschauplatz abzuwarten. Es bedurfte der vollen Anstrengung seiner geistigen und körperlichen Kräfte, um die Arbeitslast zu bewältigen. die in diesen Tagen des beginnenden Krieges auf seinen Schultern ruhte. Auch in diesen zum Teil überaus schwierigen Verhandlungen bewährte Bismarck von neuem seine Meisterschaft.

Es ist hier nicht der Ort, den Siegeslauf der deutschen Heere vom Rhein bis vor Paris und bis an die westlichen Grenzen Frankreichs zu verfolgen oder gar die einzelnen Schlachten zu schildern, in denen um den Sieg gerungen worden ist.

Bismarck verkündet im Reichstag die französische Kriegserklärung

Immer finden wir Bismarck hart an seines Königs Seite. Mit ihm hat er alle Strapazen und an manchem heißen Tage auch die Entbehrungen, die der Krieg mit sich brachte, treulich geteilt. Den Verlauf der Entscheidungsschlacht von Sedan am 1. September 1870 verfolgte Bismarck in der Nähe des Königs, der von einer südwestlich von Sedan gelegenen Höhe aus die Schlacht persönlich leitete. Hier war er, als der heiße Tag sich seinem Ende zuneigte, Augen- und Ohrenzeuge jenes denkwürdigen Augenblickes, da General Reille dem Könige Wilhelm den Brief Kaiser Napoleons überbrachte, durch welchen dieser seinen Degen in die Hand des Siegers legte. Noch an demselben Abend fanden in Donchery die Verhandlungen wegen Übergabe der gesamten in Sedan um- schlossenen französischen Armee statt, denen Graf Bismarck neben dem General Moltke auf ausdrücklichen Befehl des Königs beiwohnte. Erst um ein Uhr fand Bismarck, durch die Ereignisse des vorausgegangenen Tages aufs tiefste erschüttert und ganz erschöpft, in einem Quartier, das in Donchery für ihn ermittelt worden war, die ersehnte Ruhe. Aber schon bald nach fünf Uhr morgens wurde er durch die Nachricht geweckt, daß der Adjutant des Kaisers Napoleon, Graf Neille, ihn zu sprechen wünsche. Dieser hatte ihm die Mitteilung zu überbringen, daß Kaiser Napoleon ihn um eine Unterredung ersuche und sich bereits auf dem Wege von Sedan nach Donchery befinde. Sofort warf sich Graf Bismarck in seine Kleider und bestieg sein Pferd, um dem besiegten Kaiser entgegenzueilen. In der Nähe von Fresnois traf er den Wagen des Kaisers. Welch ein Wiedersehen, zum erstenmal im Vergleich zu den Tagen von Biarritz, in denen Kaiser Napoleon sich noch auf der Höhe seiner Macht befunden hatte!

Bismarck und Napoleon. Nach der Schlacht bei Sedan

Graf Bismarck war vom Pferde gestiegen und trat an den Schlag des Wagens, um nach den Befehlen des Kaisers zu fragen. Der Kaiser äußerte den Wunsch, den König persönlich zu sprechen, anscheinend in der Meinung, daß König Wilhelm sich ebenfalls in Donchery befinde. Graf Bismarck erwiderte, daß dies augenblicklich nicht möglich sei. da sich der König in dem drei Meilen entfernten Hauptquartier zu Vendresse befände. Doch erbot er sich, dem Könige den Wunsch des Kaisers zu melden, indem er dem letzteren zugleich sein Quartier in Donchery anbot, um dort die Ankunft des Königs zu erwarten. Im Schritt wurde nun die Fahrt nach Donchery fortgesetzt. Eine kurze Strecke vor dem kleinen Städtchen lag ein einsam gelegenes Arbeiterhaus, auf welches Kaiser Napoleon mit der Frage wies, ob er nicht dort einkehren könne. Das Haus gehörte einem armen Weber und zeigte die dürftigste Einrichtung. Der Kaiser ersuchte Bismarck, ihm dorthin zu einer Unterredung zu folgen, während die in der Begleitung des Kaisers befindlichen Offiziere draußen warteten. Der kleine einfensterige Raum, in welchem die etwa eine Stunde während Unterredung stattfand, war nur mit einem Tisch und zwei Binsenstühlen ausgestattet. Kaiser

Napoleon versuchte, vor allem für seine Armee günstige Bedingungen zu erhalten; aber Graf Bismarck verwies in dieser Beziehung auf die zwischen General Moltke und dem französischen General Wimpffen eingeleiteten und noch nicht zum Abschluß gelangten Verhandlungen. Auf die Frage Bismarcks, ob der Kaiser zu Friedensverhandlungen geneigt sei, erwiderte der Kaiser, daß er als Gefangener dazu nicht in der Lage sei. Die im Inneren des Hauses begonnene Unterredung wurde dann auf einer Bank vor der Tür derselben fortgesetzt. Im Verlaufe derselben sprach der Kaiser sein Bedauern über das Unglück des Krieges aus, und fügte hinzu: „Ich habe ihn nicht gewollt, aber ich bin durch den Druck der öffentlichen Meinung dazu genötigt worden." Inzwischen war durch Offiziere des Generalstabes das in der Nähe von Fresnois gelegene Schlößchen Bellevue als geeignet für den Aufenthalt des Kaisers und für eine Zusammenkunft mit dem Könige ermittelt worden. Dorthin ging nun die Fahrt, bei der eine Ehreneskorte des Leib-Kürassier-Regimentes dem Wagen des Kaisers vorausritt. Während Bismarck sich nach Donchery zurückbegab, um den fort-gesetzten Verhandlungen über die Kapitulation der Armee beizu-wohnen, erwartete Napoleon die Ankunft des Königs. Nachdem die Kapitulationsverhandlungen zum Abschluß gebracht und der Text der Abmachung vom König genehmigt worden war, traf dieser gegen zwei Uhr nachmittags im Schloß Bellevue ein. An der Treppe begrüßte Kaiser Napoleon entblößten Hauptes den königlichen Sieger. Die geschichtlich denkwürdige Begegnung der beiden Monarchen währte etwa eine Viertelstunde. „Welch eine Wendung durch Gottes Führung!" — mit diesen Worten hat König Wilhelm in seinem Schreiben an die Königin Augusta den Empfindungen Ausdruck gegeben, die ihn in jener Stunde bewegt haben. Am folgenden Tage aber, am 3. September, brachte König Wilhelm bei der Mittagstafel im Hauptquartier zu Vendresse, noch tiefbewegt von den Eindrücken der letzten Tage, einen Trinkspruch auf die drei Männer aus, durch deren Mitarbeit so große Erfolge erzielt worden waren. „Wir müssen heute aus Dankbarkeit," so lauteten seine Worte, „auf das Wohl meiner braven Armee trinken. Sie, Kriegsminister von Roon, haben unser Schwert geschärft; Sie, General von Moltke, haben es geleitet, und Sie, Graf von Bismarck, haben seit Jahren durch die Leitung der Politik Preußen auf seinen Höhepunkt gebracht. Lassen Sie uns also auf das Wohl der Armee, der drei von Mir Genannten und jedes einzelnen unter den

Anwesenden trinken, der nach seinen Kräften zu den bisherigen Er folgen beigetragen hat."

Bismarcks Wohnung in Versailles

Der Krieg nahm seinen Fortgang, denn die nach dem Sturze des Kaiserreiches am 4. September eingesetzte „Regierung der nationalen Verteidigung" wollte von Friedensverhandlungen nichts wissen. So setzte denn die siegreiche deutsche Armee ihren Vormarsch nach Paris fort. Nach der am 19. September vollbrachten Umschließung der feindlichen Hauptstadt wurde das große Hauptquartier, in welchem der Bundeskanzler Graf Bismarck sich andauernd befand, zuerst zu Ferrières in dem mit glänzender Pracht ausgestatteten Rothschildschen Schlosse aufgeschlagen und von da Anfang Oktober nach Versailles verlegt. Bismarck nahm hier in einem in der stillen Rue de Provence gelegenen stattlichen Hause seine Wohnung. Vom 5. Oktober 1870 bis März 1871 ist dieses Haus die Stätte der wichtigsten und entscheidensten Verhandlungen gewesen. Neben vorläufig vergeblichen Versuchen mit den gegenwärtigen Machthabern in Frankreich zu einer Verständigung zu gelangen, gingen Verhandlungen her mit den auswärtigen Mächten bei denen es sich vor allem immer wieder darum handelte, die Einmischungen und Vermittelungsversuche des Auslandes abzuwenden. Auch im eigenen Lager fehlte es nicht an Reibungen, die dem Bundeskanzler manche schwere Stunde bereiteten. Vor allem aber galt es jetzt, die durch den Krieg tatsächlich vollzogene Einigung aller deutschen Stämme dauernd zu befestigen und mit den Bevollmächtigten der süddeutschen Staaten Verhandlungen zu führen und Verträge abzuschließen, durch welche deren Eintritt in den Norddeutschen Bund geregelt wurde. Es galt unter möglichster Schonung der Sonderrechte, welche einzelne dieser Staaten sich vorbehalten wollten, die Einheit des neuzubegründenden deutschen Reiches zu sichern. Schon am 15. November konnten die Verträge mit Baden und Hessen abgeschlossen werden. Am 23. November kam auch der Vertrag mit Bayern und am 25. der mit Württemberg, sämtlich unter Vorbehalt der Genehmigung des Norddeutschen Reichstages und der eigenen Landesvertretungen, glücklich zu stände. Nun richtete König Ludwig von Bayern an alle deutschen Fürsten und freien Städte ein Schreiben, in welchem er diesen den Antrag unterbreitete, dem Könige Wilhelm für sich und seine Nachfolger auf dem Throne Preußens die deutsche Kaiserkrone anzubieten. Infolgedessen stellte der Norddeutsche Bundesrat bei dem in Berlin versammelten Reichstag den Antrag, „daß der neu gegründete Bund den Namen „Deutsches Reich" und das Oberhaupt desselben den Titel „Deutscher Kaiser" führen solle."

Kaiser-Proklamation

Fürsten und Völker stimmten freudig zu, und König Wilhelm erklärte sich zur Annahme der Würde bereit. Das mitten unter den Kämpfen des noch fortdauernden Krieges durch die Weisheit und Mäßigung des Bundeskanzlers zustandegekommene Einigungswert erhielt am 18. Januar 1871, dem hundertundsiebzigsten Gedenktage der Erhebung Preußens zum Königreiche, seinen herrlichen und feierlichen Abschluß. An diesem Tage wurde nach vorausgegangenem Gottesdienste in der großen Spiegelgalerie des alten Königschlosses zu Versailles das deutsche Kaiserreich, zu welche die bisher getrennten Fürsten und Staaten sich nun vereinigt hatten, feierlich ausgerufen. Nach beendigtem Gottesdienst betrat König Wilhelm die am Ende des langgestreckten Saales errichtete und mit den Fahnen und Standarten aller um Paris gelagerten deutschen Truppenteile geschmückte Estrade und verkündete mit lauter fester Stimme, daß er die ihm von den Fürsten und freien Städten angebotene deutsche Kaiserwürde annehme. Hierauf verlas Fürst Bismarck die erste öffentliche Urkunde, mit welcher der nunmehrige Kaiser des neuerrichteten deutschen Reiches sich an das deutsche Volk wandte, und die mit den erhebenden Worten schloß: „Wir nehmen die kaiserliche Würde in der Hoffnung an, daß es der deutschen Nation gegeben sein werde, unter dem Wahrzeichen ihrer alten Herrlichkeit das Vaterland einer segensreichen Zukunft entgegen zuführen. Uns und Unsern Nachfolgern an der Kaiserkrone aber wolle Gott es verleihen, allzeit Mehrer des Deutschen Reiches zu sein, nicht an kriegerischen Eroberungen, sondern an den Gütern und Gaben des Friedens auf den Gebieten nationaler Wohlfahrt, Freiheit und Gesittung."

Unmittelbar nach diesem denkwürdigen Tage machte am 19. Januar die Pariser Besatzung den verzweifelten Versuch die eherne Umklammerung der deutschen Armee zu durchbrechen. Auch dieser Versuch mißlang, und „der Widerstand aufs äußerste", mit dem Paris bis dahin getrotzt hatte, war gebrochen. Am 23. Januar erschien Jules Favre als Bevollmächtigter der Regierung der nationalen Verteidigung in Versailles, um mit Bismarck und Graf Moltke über die Übergabe der stolzen Weltstadt Paris und die Herbeiführung eines Waffenstillstandes zu unterhandeln. Auch bei diesen Verhandlungen vertrat Graf Bismarck gegenüber den strengeren Forderungen des Generalstabes den Grundsatz der möglichsten Schonung des ohnehin gedemütigten Feindes. Am 28. Januar erfolgte die Übergabe der sämtlichen Forts von Paris unter Abschluß des Waffenstillstandes, von dem nur die an der französischen Ostgrenze gesammelte Armee Bourbakis ausgeschlossen wurde. Um so fester und unerbittlicher aber bestand Graf Bismarck bei den Verhandlungen über die Einleitungen des Friedens auf der Abtretung des Elsaß und des östlichen Teiles von Lothringen, die er zur Vorbedingung jeder weiteren Verhandlungen machte. Zu den letzteren erschien erst der neugewählte Präsident der französischen Republik Thiers allein und dann mit Jules Favre zusammen in Versailles. Die französischen Bevollmächtigten stellten sich bei den von Bismarck geforderten Bedingungen zunächst ungebärdig genug an. Als Bismarck ganz Elsaß mit Einschluß von Belfort, die Stadt und Festung Metz, einen Teil von Lothringen und eine Kriegsentschädigung von sechs Milliarden Franks forderte, da tat der kleine Thiers, als sollte er aus der Haut fahren. Bei dem Worte „sechs Milliarden" fuhr er empört von seinem Sitz auf und rief französisch: „Das ist ja eine wahre Beraubung, eine Schlechtigkeit!" — „Ich bedaure," entgegnete Bismarck gelassen, „diese Worte nicht zu verstehen" — natürlich verstand er sie sehr gut — „ich sehe, daß ich des Französischen doch nicht mächtig genug bin. Wir werden von jetzt ab deutsch reden müssen, um so mehr, als ich keinen Grund erkennen kann, warum wir das nicht von Anfang an getan haben." Graf Bismarck sprach von dem Augenblick an deutsch, und Herr Thiers sah sich veranlaßt, dasselbe zu tun; jedoch machte der Ge-

Friedensverhandlungen mit Thiers und Favre

brauch der fremden Sprache ihm so viele Schwierigkeiten, daß darüber sein Zorn sich abkühlte. Er wurde ruhiger und machte schließlich so erhebliche Zugeständnisse, daß Bismarck lächelnd sagte: „Auf dieser Grundlage bin ich bereit, die Verhandlungen in französischer Sprache wieder aufzunehmen."

Im Laufe der Verhandlungen verzichtete Bismarck auf Velfort und ermäßigte die Summe der Kriegskostenentschädigung auf fünf Milliarden Frank. So kam nach mancherlei Hin- und Herreden am 26. Februar der Abschluß des Präliminarfriedens zu stande. Bis zur Bestätigung desselben durch die in Bordeaux tagende französische Nationalversammlung wurde der Waffenstillstand verlängert. In den Abmachungen des Präliminarfriedens war auch die Besetzung eines Teiles von Paris durch deutsche Truppen vorgesehen. Kaiser Wilhelm hatte mit besonderem Nachdruck darauf gedrungen, daß seiner siegreichen Armee diese Genugtuung nicht versagt werde. Um einer längeren Besetzung von Paris durch deutsche Truppen vorzubeugen, beeilte sich die Nationalversammlung, die Friedensbedingungen, an denen sie doch nichts zu ändern vermochte, anzunehmen. Damit war der glorreiche Krieg beendet und der Reichskanzler konnte am 5. März Versailles verlassen, um in die Heimat zurückzukehren. Für die Verhandlungen über den endgültigen Frieden wurde zunächst Brüssel bestimmt.

Still und ohne Aufsehen, nur von seiner Gemahlin und seiner Tochter auf dem Bahnhof empfangen, traf Bismarck am 11. März 1871 in früher Morgenstunde in Berlin ein. Nachdem am 17. März auch der sieggekrönte Kaiser unter Glockengeläute, Kanonendonner und dem unbeschreiblichen Jubel der ganzen Bevölkerung in seine Hauptstadt zurückgekehrt war, wurde am 21. März 1871 der erste deutsche Reichstag eröffnet. Der Kaiser erhob den aus dem Bundeskanzler nunmehr zum Reichskanzler gewordenen Grafen Bismarck an diesem Tage in Anerkennung seiner Verdienste um die Wiederherstellung des deutschen Reiches in den Fürstenstand. Außerdem wurde dem nunmehrigen Fürsten der Sachsenwald bei Hamburg, der zu den Domänen des Herzogtums Lauenburg gehörte, als erblicher Grundbesitz verliehen. Der Fürst hat ein im Sachsenwalde gelegenes einfaches Wirtshaus, das ehemals ein Jagdhaus gewesen war, und das von seinem Erbauer den Namen Friedrichsruh trug, in ein behagliches, seinen Bedürfnissen entsprechendes Wohnhaus umgestalten lassen. Der Aufenthalt in Varzin ist seitdem nur auf einige Wochen des Jahres beschränkt geblieben und Friedrichsruh ist je länger je mehr der Lieblingssitz des Fürsten geworden.

Bismarck beim Einzug der deutschen Truppen in Paris

Der Hauptreiz dieses neuen Besitzes lag für ihn in dem herrlichen Walde, der ihn von allen Seiten umschließt. Da die in Brüssel begonnenen Verhandlungen über den endgültigen Abschluß des Friedens durch die Widerspenstigkeit der französischen Unterhändler ins Stocken gerieten, so wurde für ihren weiteren Fortgang Frankfurt a. M. gewählt. Fürst Bismarck begab sich selbst zur Beseitigung der von französischer Seite erhobenen Schwierigkeiten dorthin. Dank seinem festen und entschiedenen Auftreten gelangten die Verhandlungen nun bald zu einem befriedigenden Abschluß, und am 10. Mai konnte der Friede von den beiderseitigen Bevollmächtigten unterzeichnet werden. Es war der glorreichste Friedensschluß, „den die deutsche Geschichte jemals aufzuweisen gehabt hat. Mit noch viel größerem Rechte galt nun, was Max von Schenckendorf in dem Jahre des Befreiungskrieges gesungen hatte:

„Vaterland in tausend Jahren
Kam dir solch ein Frühling kaum."

Mit dem Friedensschluß durfte der größte Teil der deutschen Heere die Rückkehr in die Heimat antreten. Bei dem feierlichen Einzug der Garden in Berlin am 16. Juni ritt Fürst Bismarck mit dem Kriegsminister Graf Roon und dem Generalfeldmarschall Graf

Moltke durch die festlich. geschmückte Siegesstraße seinem Kaiser wiederum voran. Von dem Dienstgebäude des Auswärtigen Ministeriums aber wehte eine mächtige Fahne mit der Inschrift:

„Wir wollen sein ein einig Volk von Brüdern,
In keiner Not uns trennen und Gefahr."

Friede nach außen

Kaum war durch den Frieden von Frankfurt der gewaltige Krieg, dessen Siegespreis das neubegründete Deutsche Reich gewesen ist, beendet, als Bismarck auch sogleich die dauernde Erhaltung und Befestigung des Friedens seine erste Sorge sein ließ. Es war keine leichte Aufgabe, die sich der Kanzler des neuen Deutschen Reiches damit stellte. Aber nur wenige Jahre waren vergangen, da war es der Staatskunst Fürst Bismarcks gelungen, die mißtrauisch feindliche Stimmung, mit der Deutschlands Nachbarn das Deutsche Reich hatten neu erstehen sehen, völlig umzuwandeln, und nur von der in Frankreich fortglimmenden und bei jedem Anlaß neu auflodernden Rachgier drohte noch eine neue Kriegsgefahr. Um so mehr ließ es sich Fürst Bismarck angelegen sein, diese Gefahr so lange als möglich hinauszuschieben und vor allem Frankreich gegenüber die richtige Stellung einzunehmen, indem er der Befestigung der neuen republikanischen Staatsform, die sich Frankreich gegeben hatte, und dem Ansehen des Staatsoberhauptes Thiers jeden nur möglichen Vorschub leistete.

Da man in Frankreich bei einem Rachekriege gegen Deutschland vor allem auf die Bundesgenossenschaft Italiens rechnete, so war der Leiter der deutschen Politik darauf bedacht, die freundschaftlichen Beziehungen zwischen dem italienischen Königshause und dem deutschen Kaiserhause nach Möglichkeit zu pflegen. Durch den Besuch, den König Viktor Emmanuel im September 1873 dem preußischen Hofe machte und den Kaiser Wilhelm im Oktober 1875 in Mailand erwiderte, sowie durch die schon frühere Anwesenheit des Kronprinzen von Italien und seiner Gemahlin in Berlin und Potsdam und wiederholte Reisen des deutschen Kronprinzen in Italien wurden diese Beziehungen in erfolgreicher Weise angebahnt.

Noch eifriger als um das gute Einvernehmen mit Italien, bemühte sich. Fürst Bismarck um eine Annäherung des Deutschen Reiches an Österreich. Schon in den milden Bedingungen des Nikolsburger und Prager Friedens im Jahre ..1866 hatte Fürst Bismarck ein künftiges

Bündnis Deutschlands mit Österreich-Ungarn ins Auge gefaßt, und kaum war im Herbst 1870 durch den Abschluß der Verträge mit den süddeutschen Staaten die Errichtung des Deutschen Reiches gesichert, als Bismarck die österreichische Regierung von diesen Schritten mit dem Wunsche in Kenntnis setzte, mit dem mächtigen und befreundeten Nachbarreiche Beziehungen zu pflegen, welche der gemeinsamen Vergangenheit ebenso wie den Gesinnungen und Bedürfnissen der beiderseitigen Bevölkerung entsprächen. Die zu Rußland längst gepflegten freundschaftlichen Beziehungen waren noch dadurch befestigt worden, daß es dem Einfluß Bismarcks gelungen war, dem russischen Freund dadurch einen Dienst zu erweisen, daß ihm die infolge des Krimkrieges geschmälerte freie Bewegung auf dem schwarzen Meere zurückgegeben wurde. Aber Bismarck wußte noch mehr zu erreichen. ..Es gelang ihm, die seit dem Krimkriege bestehende Entfremdung Österreichs und Rußlands auszugleichen und dadurch dem Dreikaiserbündnis zwischen Deutschland, Rußland und Österreich den Weg zu bahnen. Bei einer Zusammenkunft der drei Kaiser in Berlin, die in den Tagen vom 5. bis 12. September 1872 stattfand und welcher die drei Minister Bismarck, Gortschakoff und Andrassy beiwohnten, konnte die vollste Verständigung und Übereinstimmung über die allgemeinen Ziele der Politik der drei Kaiserreiche festgestellt werden. Zwar kam es zu keinen bestimmten Vereinbarungen in schriftlicher Form, doch wurde dies für den Fall vorbehalten, daß von irgend einer Seite der Friede tatsächlich bedroht erschiene. In ganz Europa wurde die segensreiche Bedeutung dieses starken Friedensbundes anerkannt und von Jahr zu Jahr befestigte sich die Überzeugung, daß Deutschland und seine Bundesgenossen keinerlei Eroberungspolitik trieben, sondern für sich und ihre Nachbarvölker nur die Erhaltung des Friedens erstrebten. So entsagte dann bald ein Staat nach dem andern seiner mißtrauischen Zurückhaltung gegen das Deutsche Reich. Eine schwere Probe hatte das Dreikaiserbündnis zu bestehen, als im Jahre 1877 der russischtürkische Krieg ausbrach. Damals ist es Bismarcks großes Verdienst gewesen, durch die Zusage der strengsten Neutralität Deutschlands auch die ebenso strenge Neutralität der übrigen europäischen Mächte zu erreichen, nachdem Kaiser Alexander II. unter feierlicher Verpfändung seines Ehrenwortes versichert hatte, daß Rußland nicht zum Schwerte greife, um Eroberungen zu machen, insbesondere nicht, um Konstantinopel in Besitz zu nehmen. Es war der beste Beweis für die

Anerkennung, welche diese Haltung Deutschlands bei allen beteiligten und unbeteiligten Mächten fand, daß, als nach Beendigung des Krieges zur dauernden Schlichtung der Wirren im Orient ein europäischer Kongreß zusammentreten sollte, Deutschland ersucht wurde, denselben nach Berlin einzuberufen und auf ihm den Vorsitz zu übernehmen. Auf diesem vom 13. Juni bis 13. Juli in Berlin tagenden Kongresse hat Bismarcks Staatskunst einen ihrer größten Triumphe gefeiert. Je mehr er darauf verzichtete, den Schiedsrichter spielen zu wollen und sich, wie er selbst sagte, mit der bescheideneren Rolle eines „ehrlichen Maklers" begnügte, um so besser gelang es ihm, als solcher das Geschäft zu stande zu bringen und die Meinungsverschiedenheiten zu versöhnen.

Obwohl auch Rußland die ehrliche und unparteiische Haltung anerkennen mußte, die Bismarck auf dem Berliner Kongresse bewahrt hatte, so kehrte der Leiter der russischen Politik, Fürst Gortschakoff, doch in tiefster Verstimmung über Bismarck nach Petersburg zurück und es gelang ihm, seine Mißstimmung auch auf den Kaiser Alexander zu übertragen. Man beschuldigte Deutschland des schnödesten Undanks für die von Rußland im deutsch-französischen Kriege bewiesene freundnachbarliche Haltung. Eine große Partei in Rußland schürte offen Haß und Feindschaft gegen das zu mächtig werdende Deutschland und drohte „Konstantinopel muß in Berlin erobert werden." Im Geheimen aber hetzte besonders Fürst Gortschakoff, der es nicht vergessen konnte, daß er, der große Staatsmann, in Berlin nicht die erste Rolle hatte spielen können. Als nach dem Abschluß des Friedensvertrages dann eine von allen Großmächten beschickte Kommission zusammentrat, um die streitigen Grenzen endgültig abzustecken, da stellte Kaiser Alexander II. an Kaiser Wilhelm die Zumutung, daß der deutsche Vertreter in dieser Kommission sich ohne weiteres den Wünschen des russischen Vertreters unterordnen solle. Auf den Rat Bismarcks, der sich gerade zur Kur in Gastein befand, lehnte Kaiser Wilhelm die Zumutungen, obwohl sie in immer schrofferer und drohenderer Form auftraten, wenn auch höflich, so doch mit Entschiedenheit ab. Als aber der Zar schließlich das fernere Fortbestehen des Friedens zwischen beiden Völkern von der Einwilligung des Kaisers Wilhelm in sein Verlangen abhängig machte, da erklärte Fürst Bismarck dem Kaiser: „Wenn diese Worte in einer amtlichen Zuschrift stünden, so würde der Krieg gegen Rußland die einzige Antwort sein können. Er bitte daher, Seine Majestät den Zaren ersuchen zu wollen, diese

Angelegenheit ferner auf amtlichem Wege zu behandeln." In der Tat schien der Krieg vor der Tür zu stehen; russischerseits wurden bereits Einleitungen zu einem Bündnis mit Frankreich getroffen. Auch eine persönliche Zusammenkunft der beiden Kaiser in Alexandrowo, vermochte die Mißstimmung nicht dauernd zu beseitigen. Bei dieser Lage der Dinge sah Bismarck das einzige Heil in einem festen Zusammenschluß Deutschlands mit Österreich. Er trat darüber sofort mit dem österreich-ungarischen Minister des Auswärtigen, Grafen Andrassy, in Verhandlung. Das Ergebnis derselben war der am 7. Oktober 1879 zwischen Deutschland und Österreich-Ungarn abgeschlossene feste Bündnisvertrag. Dem Kaiser Wilhelm wurde es in Rücksicht auf die bisherige von ihm so treu gepflegte russische Freundschaft nicht leicht, dem Vertrage seine Zustimmung zu geben. Es bedürfte wiederholter und dringender Vorstellungen des Fürsten Bismarck, bis sie erfolgte. Ausdrücklich wurde als der Zweck des vorläufig auf fünf Jahre abgeschlossenen und später erneuerten Bündnisses die Erhaltung des Friedens bezeichnet. Dem deutsch-österreichischen Bündnis ist dann im März 1883 als dritte Macht Italien beigetreten. So lange dieser von Bismarck geschaffene mitteleuropäische Dreibund zwischen Deutschland, Österreich und Italien besteht, ist in ihm für die Erhaltung des Friedens in Europa eine sichere Bürgschaft gegeben.

Auch mit Rußland wußte Fürst Bismarck trotz des vom Fürsten Gortschakoff genährten Hasses gegen Deutschland ein leidliches Einvernehmen wieder herzustellen. Die persönliche Freundschaft zwischen Kaiser Wilhelm und dem Zar Alexander II. war eine zu fest begründete, um nicht eine vorübergehende politische Mißstimmung zu überdauern. In den wieder freundlicher gewordenen Beziehungen der beiden Höfe zu einander trat auch durch den Tod Alexanders II., der am 1. März 1881 das Opfer eines schmachvollen Meuchelmordes wurde, zunächst keine Veränderung ein. Im Gegenteil, der nunmehr tatsächliche Leiter der auswärtigen Angelegenheiten Rußlands, Herr von Giers, war von den deutschfeindseligen Gesinnungen Gortschakoffs völlig frei, und der neue Kaiser Alexander III. zeigte sich ernstlich gewillt, die alte treue Freundschaft mit Kaiser Wilhelm und dem deutschen Reiche aufrecht zu erhalten. Von diesem Entschlüsse beseelt, gab er selbst zu einer Zusammenkunft zwischen Kaiser Wilhelm und ihm die Anregung, die am 9. September 1881 zu Danzig stattfand, und deren Bedeutung dadurch erhöht wurde, daß die Brüder des Zaren,

Großfürst Wladimir und Großfürst Alexei, der Minister Giers und andere hohe russische Würdenträger sich in der Begleitung des Zaren befanden, während mit dem Kaiser Wilhelm der Kronprinz, der Großherzog von Mecklenburg und auch der Reichskanzler Fürst Bismarck nach Danzig kamen. Die Eindrücke der Begegnung waren deutscherseits wie auch russischerseits gleich wohltuende.

Mit großer Umsicht wußte Bismarck auch während der neuen Verwickelungen, welche die Jahre 1885 und 1886 auf der Balkanhalbinsel brachten, und durch die Stellung, die er zu dem russisch-bulgarischen Konflikte einnahm, das friedliche Einvernehmen mit Rußland aufrecht zu erhalten. Ja selbst das Verhältnis Deutschlands zu Frankreich gestaltete sich in den Jahren 1884 und 1885 bis zu einem gewissen Grade zu einem befriedigenden. Eine ungünstigere Wendung trat erst ein, als am 7. April 1886 der abenteuerliche General Boulanger in Frankreich Kriegsminister geworden war. Dieser brachte ein neues Heerdienstgesetz ein, nach welchem jeder Franzose drei Jahre bei der Fahne dienen sollte. Die Rachegelüste steigerten sich in Frankreich bis auf den Siedepunkt. In der französischen Presse und in den Gassen von Paris tobten die aus Boulangers geheimen Fonds unterhaltenen Lärmmacher für den Rachekrieg gegen Deutschland. Um dieselbe Zeit legte die deutsche Regierung dem Reichstag ein neues Gesetz über die Friedenspräsenzstärke des Deutschen Reiches vor, welches auf sieben Jahre bis zum 31. Dezember 1894 die Friedensstärke des Heeres an Mannschaften auf 486.983 Mann feststellte. Vergeblich befürwortete Feldmarschall Moltke in seiner unvergleichlich trefflichen Weise die Vorlage. Vergeblich hielt Fürst Bismarck in den Tagen vom 11., 12. und 13. Januar 1887 nicht weniger als fünf große Reden für die Regierungsvorlage, in denen er den furchtbaren Ernst eines neuen deutsch-französischen Krieges andeutete. Seine mächtigen Reden machten keinen Eindruck auf die Mehrheit eines Reichstages, in dem Ultramontane die Fortschrittspartei und Sozialdemokraten, durch Polen und Elsässer verstärkt, die Mehrheit bildeten. Am 14. Januar 1887 wurde die Vorlage der Regierung abgelehnt. Die Gegner wollten sich nur dazu verstehen, eine Friedensstärke von 450,402 Mann und auch diese nur auf drei Jahre zu bewilligen. Fürst Bismarck beantwortete die Ablehnung mit einer kaiserlichen Botschaft, welche die Auflösung des Reichstages verfügte. Der Krieg stand damals „auf des Messers Schneide"; die französische Kriegspartei setzte voraus, daß hinter der Mehrheit des Reichstages, welche die Militärvorlage abgelehnt hatte, auch die des Volkes stehe. Jetzt war der Fall eingetreten, den Fürst Bismarck vorhergesehen hatte. Frankreich glaubte siegen zu können, und damit war der Krieg in die Nähe gerückt. General Boulanger schritt sofort zu dessen unmittelbarer Vorbereitung, indem er ohne die übrigen Minister zu fragen, Kriegsrüstungen ins Werk setzte. Glücklicherweise aber hatte er sich über die Stimmung des deutschen Volkes gründlich getäuscht. Durch die am 21. Februar 1887 vollzogenen Wahlen für den neuen Reichstag wurde die bisherige Mehrheit, welche die Militärvorlage abgelehnt hatte, zerschmettert. Der neue Reichstag, der am 3. März 1887 zusammentrat, bewilligte schon am 9. März mit 222 gegen 23 Stimmen in rascher Beschlußfassung ohne Zaudern und bedingungslos die deutschen Heeresbedürfnisse auf sieben Jahre. Unter ihrem Eindruck fand der Präsident der französischen Republik Grévy endlich den Mut, gegenüber den Kriegstreibereien Boulangers für die Fortdauer friedlicher Verhältnisse einzutreten. Als wenige Wochen darauf im April 1887 die auf deutschem Boden erfolgte Verhaftung des französischen Polizeikommissars Schnäbele der gereizten Stimmung nochmals neue Nahrung gab, da war Fürst Bismarck wiederum redlich bemüht, einen friedlichen Ausgleich herbeizuführen und dadurch dem in seinem Amte bereits wankenden General Boulanger den letzten Vorwand zum Kriege zu nehmen. Die Kriegsgefahr von Westen war kaum beseitigt, als die Beziehungen Deutschlands zu Rußland sich von neuem zu trüben begannen.[1] Mit maßloser Heftigkeit donnerten die russisch-panslawistischen Zeitungen täglich gegen Deutschland und insbesondere gegen den Fürsten Bismarck, indem sie dessen Entlassung oder Krieg zur Wahl stellten. Auch der Zar schien jetzt von tiefem Mißtrauen gegen den deutschen Kanzler erfüllt. Schon im September hatte er von Kopenhagen aus dem Kaiser seinen Gegenbesuch in Stettin machen wollen, aber plötzlich wieder abgesagt, weil er, wie man später erfuhr, noch in letzter Stunde ein Schreiben aus Konstantinopel erhielt, „welches den Fürsten Bismarck sehr bloß zu stellen versuchte." Am 18. November aber kam der Zar doch auf einen Nachmittag nach Berlin. Fürst Bismarck erbat durch den Grafen Schuwalow eine besondere Audienz beim Zaren, die dem Fürsten nachmittags um 3 Uhr dreißig vor dem Diner gewährt wurde und über eine Stunde dauerte. Anfangs standen sich die beiden Männer

---

[1] Anmerkung: Vgl. Hans Blum: Das Deutsche Reich z.I. Bismarcks S. 525

kühl und zurückhaltend gegenüber. Dann wurden sie wärmer, und nun erklärte der Zar dem Fürsten mit großer Offenheit, was er gegen diesen auf dem Herzen habe. Aus einer ganzen Reihe von Depeschen, müsse er, der Zar, folgern, daß Bismarck in der bulgarischen Frage ein Doppelspiel treibe, öffentlich für, insgeheim und in Wahrheit aber gegen Rußland tätig sei. Mit mächtig aufwallender Empörung führte Fürst Bismarck dem Zaren gegenüber den Nachweis, daß man gewagt habe, den Kaiser zu betrügen und daß alle die Urkunden, auf welche der Verdacht des Kaisers sich gründete, gefälscht waren. Es gelang ihm, den Zaren von den friedlichen Absichten Deutschlands von neuem zu überzeugen, während er ihn andererseits darüber nicht im Zweifel ließ, daß wer mit Deutschland im Frieden leben wolle, auch das dem Deutschen Reiche verbündete Österreich nicht angreifen dürfe. Gegen diesen Verbündeten aber schienen die massenhaften Truppenverschiebungen an der österreich-galizischen Grenze gerichtet zu sein, die auch nach jener Unterredung Fürst Bismarcks mit Kaiser Alexander noch fortdauerten. Diese Bedrohung des verbündeten Österreich-Ungarn wurde der unmittelbare Anlaß zur Vorlage eines neuen Wehrgesetzes, das schon am 9. Dezember 1887 im Reichstag eingebracht wurde, und welches durch eine neue Organisation der dienstpflichtigen Jahrgänge, die gleich für den ersten Waffengang bereite Feldarmee um eine halbe Million Krieger verstärkte. Bei der Beratung dieser Wehrvorlage und des dazu gehörigen Anleihegesetzes, die in den Tagen vom 6. bis 10. Februar stattfand, hielt Fürst Bismarck eine seiner denkwürdigsten Reden. Den Hauptinhalt derselben bildete nach einem Rückblick auf die letzten vierzig Jahre die Darlegung des Verhältnisses Deutschlands zu Rußland, und Frankreichs zu Österreich ünd Italien. Dann führte der Kanzler aus: „Trotz seiner Einheit und Macht und trotz seiner Bündnisse denke Deutschland nicht daran, den Frieden Europas oder auch nur irgend eines seiner Nachbarn zu gefährden, und er halte auch seinerseits an der Hoffnung fest, daß die Nachbarn gleichfalls ihm seinen Frieden halten würden, namentlich Rußland. Aber das beste Mittel zur Erhaltung dieses Friedens und zur Befestigung der deutschen Friedensbündnisse sei die Verstärkung des deutschen Heeres."

Im weiteren Verlaufe der Rede hieß es dann: „Wenn wir in Deutschland einen Krieg mit der vollen Wirkung unserer Nationalkraft führen wollen, so muß es ein Krieg sein, mit dem alle, die ihn mitmachen, alle, die ihm Opfer bringen, kurz und gut, mit dem die ganze Nation einverstanden ist; es muß ein Volkskrieg sein, ein Krieg, der mit dem Enthusiasmus geführt wird wie der von 1870, wo wir ruchlos angegriffen wurden ... Dann wird das ganze Deutschland von der Memel bis zum Bodensee wie eine Pulvermine aufbrennen und von Gewehren starren, und es wird kein Feind wagen, mit diesem furor teutonicus, der sich bei dem Angriff entwickelt, es aufzunehmen."

Endlich schloß Bismarck mit den ewig denkwürdigen Worten: „Deshalb möchte ich an das Ausland die Mahnung richten, seine drohenden Zeitungsartikel doch zu unterlassen. Sie führen zu nichts. Wir können durch Liebe und Wohlwollen leicht bestochen werden, vielleicht zu leicht, aber durch Drohungen ganz gewiß nicht. Wir Deutsche fürchten Gott aber sonst nichts in der Welt, und die Gottesfurcht ist es schon, die uns den Frieden lieben und pflegen läßt. Wer ihn aber trotzdem bricht, der wird sich überzeugen, daß die kampfesfreudige Vaterlandsliebe, welche 1813 die gesamte Bevölkerung des damals schwachen, kleinen und ausgesogenen Preußen unter die Fahnen rief, heutzutage ein Gemeingut der ganzen deutschen Nation ist, und daß derjenige, welcher die deutsche Nation irgendwie angreift, sie einheitlich bewaffnet finden wird. Und jeden Wehrmann mit dem Glauben im Herzen: Gott wird mit uns sein!"

Im Gegensatz zu der undeutschgesinnten Mehrheit des früheren Reichstags wurde unter dem Eindruck dieser gewaltigen Rede die Wehrvorlage ohne weitere Verhandlung und im ganzen einstimmig angenommen. Ein ungeheurer Beifallssturm brach nach der Feststellung dieses Ergebnisses im ganzen Hause los.

Fürst Bismarck war schon auf der Hinfahrt zum Reichstag von der in den Straßen und vor dem Reichstagsgebäude zu Tausenden angesammelten Menge mit begeisterten Zurufen begrüßt worden. Als er jetzt aus dem Hause trat und, da er seinen Wagen nicht vorfand, zu Fuß nach seinem Palais in der Wilhelmstraße ging, da geleitete ihn die nach Tausenden zählende Volksmenge mit jubelnden, immer erneuten Hurra- und Hochrufen, bis er unter der Tür seines Hauses verschwunden war. Am 11. Februar schon konnte Kaiser Wilhelm die neue Wehrvorlage, am 20. Februar auch das Heeres-Anleihegesetz vollziehen. Die einmütige Hingebung des Reichstages in diesen Tagen und Wochen, die einstimmige sofortige Bewilligung aller Bedürfnisse des Reiches für dessen Sicherstellung gegen jede Gefahr, die es bedrohen könnte, war die letzte große Stärkung und Freude, welche diesem verlöschenden Heldenleben beschieden sein sollte!

So hat Fürst Bismarck zwanzig Jahre hindurch als Reichskanzler im Dienste Kaiser Wilhelms I. sich als treuer Hüter des Friedens bewährt und dem Begründer des Deutschen Reiches geholfen, das Gelübde einzulösen, mit dem dieser am 18. Januar 1871 die deutsche Kaiserwürde übernommen hatte: „Allezeit Mehrer des Deutschen Reiches sein zu wollen nicht an kriegerischen Eroberungen, sondern an Gütern und Gaben des Friedens auf dem Gebiete nationaler Wohlfahrt, Freiheit und Gesittung." Von dem gleichen Streben hat er auch, solange es ihm vergönnt gewesen ist, als Reichskanzler seines Amtes zu warten, unter den Nachfolgern Kaiser Wilhelms sich leiten lassen und er selbst hat das von ihm genommene Amt in die Hand seines Nachfolgers mit dem Bewußtsein legen dürfen, daß durch die Friedensliebe, die er bei der Leitung der Auswärtigen Angelegenheiten des Deutschen Reiches bewährt hat, dieses Reich zum Hort des Friedens für ganz Europa geworden war.

Ein weites Gebiet einer ganz neuen Tätigkeit eröffnete sich dem Fürsten seit Anfang der achtziger Jahre durch die Einleitung einer deutschen Kolonialpolitik. Ohne die mancherlei kolonialen Unternehmungen, bei denen der Reichskanzler für die Ehre des deutschen Namens kräftig eingetreten ist, hier näher zu erörtern, mag es genügen daran zu erinnern, daß Fürst Bismarck auch auf diesem Gebiete der deutschen Politik neue Bahnen gewiesen hat.

Der innere Ausbau des neuen Deutschen Reiches

Hand in Hand mit der Wahrung des Friedens nach außen, ging der Ausbau des Reiches im Innern. Da galt es vor allem die deutsche Wehrkraft, von deren Tüchtigkeit und Stärke die Erhaltung des Friedens abhing, dauernd festzustellen. Dahin zielte das schon im Jahre 1873 vorbereitete und im Jahre 1874 im Reichstage vorgelegte Reichsmilitärgesetz, durch welches die Friedenspräsenzstärke des Heeres neugeregelt werden sollte. Die sogenannte Fortschrittspartei hatte auch diesmal wieder nicht übel Lust, die Militärvorlage zum Anlaß zu nehmen, um die parlamentarische Macht des Reichstages zu erweitern, und es schien, als ob die Annahme der Vorlage nur um den Preis einer wesentlichen Herabsetzung der Friedensstärke durchgesetzt werden könnte. Doch rief diese Haltung der Reichstagsmehrheit in den weitesten Kreisen des Volkes die größte Entrüstung hervor. Unter dem Eindruck dieser Stimmung gelang es dem Abgeordneten von Bennigsen, durch einen Vermittelungsvorschlag einen Ausweg zu finden, indem die geforderte Friedenspräsenzstärke nicht einfürallemal, sondern auf sieben Jahre vom 1. Januar 1875 bis 1. Januar 1882 festgestellt wurde. Auch hier war das Zustandekommen eines friedlichen Ausgleichs wesentlich das Verdienst des Reichskanzlers. Den Schlußstein der Wehrgesetzgebung des Deutschen Reiches bildete das Landsturmgesetz, das den Landsturm aus einem ungeregelten Aufgebot der gesamten Bevölkerung in eine geordnete und militärisch organisierte Verwendung aller derjenigen Wehrpflichtigen vom vollendeten 17. bis zum vollendeten 42. Lebensjahre verwandelte, welche weder dem Heere noch der See angehören.

Auch die Herbeiführung eines einheitlichen deutschen Rechtes wurde in Angriff genommen. Wichtige Gesetze hatte schon der Norddeutsche Bund einheitlich gestaltet, die seit 1870 auf das ganze Deutsche Reich übertragen worden waren, das Heimatsrecht, der Erwerb der Bundes- und Staatsangehörigkeit, das Genossenschaftsrecht, vor allem das Strafrecht durch ein gemeinsames deutsches Reichsstrafgesetzbuch. Nun sollte auch das Verlangen nach einer einheitlichen Regelung des Verfahrens in Zivil- und Strafsachen und nach einer einheitlichen Organisation der deutschen Gerichte mit einem obersten Reichsgericht befriedigt werden.

Vom Jahre 1877 an stand für Bismarck die deutsche Wirtschaftsreform im Vordergrunde aller anderen Aufgaben, und wir sehen ihn alle seine Kräfte für die Lösung dieser Aufgabe einsetzen. Er hatte bis dahin alle wirtschaftlichen Fragen vertrauensvoll seinem treuen Mitarbeiter, dem Staatsminister Delbrück überlassen. Aber die von ihm als notwendig erkannte Rückkehr vom unbedingten Freihandel zum Schutzzoll, die Delbrück mitzumachen sich nicht entschließen konnte, hatte diesen schon im Jahre 1876 genötigt, seinen Abschied zu erbitten. Von nun an nahm Bismarck selbst die Wirtschaftsreform in die Hand. Um für ihre Durchführung freie Hand zu haben, übernahm er selbst neben seinen übrigen zahlreichen Ämtern im Jahre 1878 auch noch die Leitung des Handelsministeriums. Er hatte die Überzeugung gewonnen, daß das Freihandelssystem, welches seit dem deutsch-französischen Handelsvertrage vom Jahre 1861 unsere Zoll- und Handelspolitik beherrschte, für uns, wie er sich ausdrückte, zum „Auszehrungs- und Schwindsuchtssystem" geworden sei, und war daher fest entschlossen, mit diesem Systeme zu brechen. Den nächsten und unmittelbaren Anlaß dazu gab ihm die bedrängte Lage der deutschen

Eisenindustrie, die nach der Aufhebung aller Eisenzölle in dem Wettbewerb mit dem Auslande erliegen mußte. Aber durch die eingehende Beschäftigung mit wirtschaftlichen Fragen hatte er auch die weitere Überzeugung gewonnen, daß das gesamte deutsche Gewerbsleben bei einer zollfreien Einfuhr fremder Erzeugnisse und daß namentlich auch die Landwirtschaft zu Grunde gehen müsse. Daraus ergab sich für ihn die unabweisliche Notwendigkeit, die deutschen Erzeugnisse durch Eingangszölle gegen das Ausland zu schützen, und mit der ihm immer eigenen Tatkraft ging er sofort an die Verwirklichung seiner neuen volkswirtschaftlichen Pläne. Am 15. Dezember 1878 erließ er von Friedrichsruh aus eine Denkschrift an den Bundesrat, welche seine gesamte Wirtschaftsreform überaus klar darlegte. Sie wurde am Vorabend des Weihnachtsfestes 1878 veröffentlicht und erregte allerwärts ein ungeheures Aufsehen. Brachte sie doch zum erstenmal dem ganzen Volke völlige Klarheit über Bismarcks Wirtschaftsreformpolitik. Der Raum gestattet uns nicht, hier näher auf den Verlauf der langwierigen erbitterten Kämpfe einzugehen, welche die Durchführung dieser Wirtschaftsreform hervorgerufen hat.

Im unmittelbaren Zusammenhang mit derselben stand nach Bismarcks Plan die Umgestaltung des Reichsfinanzwesens. Fürst Bismarck erstrebte eine Gestaltung der Einnahmen des Reiches, durch welche das Reich in die Lage versetzt werden sollte,.seine Bedürfnisse aus eigenen Einnahmen zu decken, ohne auf die Beiträge der einzelnen Bundesstaaten angewiesen zu sein. Als die ergiebigste Quelle für die eigenen Einnahmen des Reiches erschien ihm die Einführung des Tabakmonopols. Aber selbst im Bundesrat stieß dieselbe auf den entschiedensten Widerstand, und nachdem es dem Reichskanzler gelungen war, eine wenn auch geringe Mehrheit des Bundesrates für dasselbe zu gewinnen, wurde die dem Reichstag in dieser Beziehung gemachte Vorlage mit einer geradezu erdrückenden Mehrheit abgelehnt. Das dem Kanzler vorschwebende Ziel, die Finanzen des Reiches von denen der Einzelstaaten unabhängig zu machen, ist bis heute noch nicht erreicht worden, aber das bleibende Verdienst des Fürsten Bismarck ist es, den Weg zu diesem Ziele angebahnt und die wirtschaftliche Politik durch die Änderung des Zolltarifs auf wahrhaft nationale Grundlage gestellt zu haben.

Hand in Hand mit den Reformen, die Fürst Bismarck auf dem wirtschaftlichen Gebiete teils durchgeführt, teils angebahnt hat, gehen die dem Wohle der arbeitenden Klassen und der Verbesserung ihrer Lage gewidmeten Bestrebungen, für die Fürst Bismarck ebenfalls mit der ganzen Kraft seines persönlichen Einflusses eingetreten ist. Den nächsten Anlaß, die sozialen Bestrebungen in die Hand zu nehmen und den arbeitenden Klassen seine Fürsorge zu widmen, gaben ihm die immer dreister auftretenden sozialdemokratischen Umtriebe. Von einer Reichstagwahl zur anderen schwoll die Zahl der abgegebenen sozialdemotratischen Stimmen immer mehr an. In der schamlosesten Weise feierte die vaterlandslose Gesinnung in den sozialdemokratischen Versammlungen die wüstesten Orgien. Die sozialdemokratische Presse schoß überall Giftpilzen gleich in die Höhe. Den bestehenden gesellschaftlichen Verhältnissen wurde immer offener der Krieg erklärt. Einer der sozialdemokratischen Führer wagte auf der Tribüne des Reichstages es offen auszusprechen, daß der Fürstenmord an und für sich kein größeres Verbrechen sei, als wenn man einen gewöhnlichen Menschen aus der Welt schaffe. Es waren geradezu teuflische Lehren, die in der sozialdemokratischen Presse und in den Reden der Parteiführer tagtäglich dem Volke verkündet wurden. Bismarck täuschte sich nicht über die Gefahr dieses wüsten gottlosen Treibens. Als nun gar die im Mai und Juni 1878 schnell aufeinanderfolgenden Attentate auf das geheiligte Haupt des ehrwürdigen Kaisers Wilhelm die letzten Ziele dieser ruchlosen Partei offenbar werden ließen und ganz Deutschland um das Leben des auf den Tod verwundeten Kaisers zitterte, da stand es für Bismarck fest, daß diesem Treiben nicht länger mit verschränkten Armen zugesehen werden dürfe. Schon unmittelbar nach dem Mordversuch, den Hödel am 11. Mai 1878 gegen die geheiligte Person des Kaisers unternommen hatte, gab Fürst Bismarck die Weisung zur Vorlage eines Gesetzes gegen die Sozialdemokratie. Aber der in großer Eile vorgelegte Entwurf eines solchen Gesetzes enthielt so außerordentlich dehnbare Bestimmungen, daß für ihn eine Mehrheit nicht zu gewinnen war. Infolgedessen wurde am 24. Mai der Reichstag aufgelöst und dem neugewählten Reichstage der neue Entwurf eines Sozialistengesetzes vorgelegt, durch welches alle sozialdemokratischen Vereine und Versammlungen, Bücher und Zeitungen aufs strengste verboten wurden. Das Gesetz sollte zunächst nur bis zum 1. März 1881 gelten. Doch ist von späteren Reichstagen seine Gültigteitsdauer wiederholt verlängert worden, so daß es bis zum Oktober 1890 in Kraft geblieben ist. Fürst Bismarck ließ es aber nicht dabei bewenden, wider die sozialdemokratischen

Ausschreitungen gesetzliche Schranken zu errichten, sondern es war ihm eine Gewissenspflicht zugleich den berechtigten Klagen der Arbeiter Abhilfe zu gewähren. Manche Forderungen der Sozialisten waren ihm längst als berechtigte erschienen, und er hielt es für ein Gebot der Staatsweisheit, daß der Staat sich diesen Forderungen gegenüber nicht schlechthin ablehnend verhalten dürfe, sondern zu ihrer Verwirklichung die Hand bieten müsse. Die arbeiterfreundliche Gesetzgebung, die er unmittelbar nach dem Zustandekommen des Sozialistengesetzes in Angriff nahm, war ihm eine notwendige Ergänzung der letzteren. Der erste Schritt in dieser Richtung war der Entwurf eines Gesetzes, welches die Versicherung der Arbeiter gegen die Folgen von Unfällen bezweckte, und der schon am 15. Januar 1881 dem Bundesrat vorgelegt und von diesem am 1. April des genannten Jahres dem Reichstage zur Beratung und Beschlußfassung übergeben wurde.

In einer der bedeutsamen Reden, mit denen Fürst Bismarck diesen Gesetzentwurf behandelte, gebrauchte er zuerst den seitdem zu einem Losungswort der Zeit gewordenen Ausdruck: „Praktisches Christentum." „Meines Erachtens," so fügte er zur näheren Erläuterung desselben hinzu, „muß ein Staat, der in seiner großen Mehrheit aus Christen besteht, von den Grundsätzen der Religion, zu der wir uns bekennen, namentlich in Bezug auf die Hilfe, die man den Nächsten leistet, in Bezug auf das Mitgefühl mit dem Schicksale, dem alte leidende Leute entgegengehen, sich durchdringen lassen."

Nachdem der vorgelegte Entwurf aus der Beschlußfassung des Reichstages in so verstümmelter Gestalt hervorgegangen war, daß der Bundesrat dem Gesetze in dieser Fassung seine Zustimmung versagte, wurde der am 27. Oktober 1881 neugewählte Reichstag mit der berühmten kaiserlichen Botschaft vom 17. November 1881 eröffnet, von der wir jetzt wissen, daß Fürst Bismarck nicht nur der Urheber der leitenden Gedanken, sondern auch der Form und Fassung dieser denkwürdigen Worte kaiserlicher Kundgebung gewesen ist. Mit feierlichen Worten bekannte sich der hochbetagte Kaiser Wilhelm in dieser Botschaft zu den auf eine Verbesserung der Lage der arbeitenden Klassen gerichteten Bestrebungen. Wenn auch die hochherzigen Worte der kaiserlichen Botschaft, die man mit Recht als das Vermächtnis des ehrwürdigen Kaisers bezeichnet hat, in den weitesten Kreisen des Volkes einen tiefen Eindruck machten, so wurde doch auch ein zweiter dem neuen Reichstage vorgelegter

Entwurf eines Unfallversicherungsgesetzes abermals abgelehnt. Endlich gelang auf Grund eines dritten Entwurfs das Zustandekommen eines Unfallversicherungsgesetzes, das am 27. Juni 1884 mit überwältigender Mehrheit vom Reichstag angenommen wurde. Schon vorher und bei weitem leichter als dieses war ein die Krankenversicherung der Arbeiter hetreffendes Gesetz vom Reichstag angenommen worden, das den Arbeiter in Krankheitsfällen wenigstens vor den drückendsten Sorgen bewahren soll. Diesen beiden der Fürsorge für die arbeitenden Klassen gewidmeten Gesetzen ist dann als drittes, freilich erst nach dem Heimgang Kaiser Wilhelms, aber als letzte bedeutsame Tat des Reichskanzlers Fürst Bismarck am 22. Juni 1889 das Invaliden- und Altersversorgungsgesetz gefolgt. Der Arbeiter sollte dadurch in den Tagen seines Alters und der Arbeitsunfähigkeit, wenn auch der gute Wille zur Arbeit nicht mehr ausreicht, vor Not und Verarmung geschützt werden. Bei all diesen umfassenden und schwierigen gesetzgeberischen Arbeiten ist der Staatsminister und Staatssekretär im Reichsamt des Innern von Boetticher der treue und unermüdliche Mitarbeiter des Fürsten Bismarck gewesen, in dessen Stellvertretung er auch den Vorsitz im Bundesrate zu führen hatte.

Alle diese dem weiteren Ausbau des deutschen Reiches im Innern geltenden Arbeiten, die neben der aufreibenden Fürsorge für die Erhaltung des Friedens nach außen bewältigt werden mußten, sind dem Fürsten Bismarck noch durch den erbitterten Haß der Parteien erschwert worden, die er der Reihe nach zu bekämpfen gehabt hat. Das neue Deutsche Reich war kaum errichtet, da entbrannte ein heftiger Streit über die Rechtsansprüche des Staates gegenüber der katholischen Kirche, der sogenannte Kulturkampf. Den nächsten Anlaß zu demselben gab das Verhalten der katholischen Partei, die sich unter dem Namen des Zentrums gebildet hatte und unter der Führung des welfischgesinnten ehemaligen hannoverschen Ministers Windthorst stand. Sie stellte das Ansinnen, daß Kaiser und Reich ihre neugewonnene Macht dazu verwenden sollten, die weltliche Herrschaft des römischen Stuhles wieder herzustellen, die Papst Pius IX. durch die Einverleibung Roms und des letzten Restes des Kirchenstaates in das geeinigte Italien verloren hatte. Diesem Verlangen wurde keine Folge gegeben, denn Fürst Bismarck konnte es nicht als eine Aufgabe des jungen deutschen Reiches ansehen, für die Wiederherstellung des Kirchenstaates einzutreten und sich damit der Gefahr unabsehbarer äußerer

Verwickelungen auszusetzen. Infolge der ablehnenden Haltung, die Bismarck dieser Zumutung gegenüber einnahm, gab sich in den Kreisen der katholischen Partei von Anfang an eine tiefe Mißstimmung gegen Kaiser und Reich kund, die schon in den Verhandlungen des ersten, am 21. März 1871 eröffneten Reichstages zum Ausdruck kam. Diese Mißstimmung steigerte sich, als sich in Preußen die Folgen des von dem vatikanischen Konzil beschlossenen Unfehlbarkeitsdogmas bemerklich zu machen begannen. Preußische Bischöfe fingen an, Mitglieder ihrer Kirche, die nicht gewillt waren, dem Unfehlbarkeitsdogma sich zu unterwerfen, öffentlich zu exkommunizieren und den vom Staat eingesetzten und anerkannten Religionslehrern ohne Einvernehmen mit der Staatsbehörde die Erlaubnis zur Erteilung des Religionsunterrichtes zu entziehen. Der Staat konnte sich diese Eingriffe in seine Rechte nicht gefallen lassen. Mit großer Entschiedenheit ist Bismarck im Verlaufe des zwischen Staat und Kirche entbrannten Kampfes in gewaltigen Reden für die Rechte des ersteren eingetreten. Am bekanntesten ist der Ausspruch geworden, den er schon in den ersten Anfängen des Kulturkampfes getan hat, als im Reichstage bei der Beratung des Reichshaltsgesetzes der Posten einer Gesandtschaft beim päpstlichen Stuhle in Beratung stand. Die Regierung hatte in der Meinung dadurch einen besonders versöhnlichen Schritt zu tun den Kardinal Hohenlohe für diesen Posten ausersehen. Aber der Papst hatte diese Ernennung zurückgewiesen. Bei diesem Anlaß war es, daß Fürst Bismarck unter dem jubelnden Beifall des ganzen deutschen Volkes die Versicherung abgab: „Seien Sie außer Sorge, nach Canossa gehen wir nicht weder körperlich noch geistig." Man hat wohl manchmal gemeint, daß Fürst Bismarck diesem Versprechen in seinem späteren Verhalten untreu geworden sei. Aber doch sehr mit Unrecht, wenn er auch in der späteren Beilegung des Kulturkampfes bis an die äußerste Grenze der staatlich möglichen Versöhnlichkeit gegangen ist. Der Gang nach Canossa ist erst einer späteren Zeit vorbehalten gewesen.

Durch den Kampf mit der katholischen Kirche, durch das Schulaufsichtsgesetz und so manche Bestimmungen der Maigesetze, von denen die evangelische Kirche unnötigerweise mitbetroffen wurde, hatte sich Fürst Bismarck auch zum großen Teil seine ehemaligen konservativen Parteigenossen entfremdet. Als diese Entfremdung seiner alten Freunde im Jahre 1872 immer offener hervortrat, war die Gesundheit des Fürsten Bismarck tief erschüttert.

Er fühlte sich nicht kräftig genug, neben der auswärtigen Politik des Deutschen Reiches auch die inneren Kämpfe des preußischen Ministerpräsidenten, namentlich gegen die eigenen Parteigenossen, durchzuführen, und erbat daher vom Könige seine Entlassung aus diesem Amte und die Ernennung Roons zum preußischen Ministerpräsidenten, während er selbst Reichskanzler und Auswärtiger Minister blieb. Doch hatte sich diese Teilung nicht als ersprießlich erwiesen. Als am 9. November 1873 Graf Roon den wiederholt erbetenen Abschied erhielt, übernahm Bismarck von neuem die Geschäfte des Ministerpräsidenten. Aber nur in erhöhtem Maße setzte ein Teil der Konservativen, die aus früheren Freunden zu erbitterten Gegnern des Fürsten Bismarck geworden waren, die Umtriebe gegen ihn fort. Die „Deutsche Reichsglocke", ein nichtswürdiges Blatt, zu welchem namhafte Männer der konservativen Partei Beziehungen hatten, scheute sich nicht, die elendesten Verleumdungen gegen den Fürsten in Umlauf zu setzen. Selbst in der nächsten Umgebung des Kaisers hatte Fürst Bismarck mit fortwährenden Schwierigkeiten zu kämpfen. Dazu kam, daß der Reichskanzler bei der von ihm geplanten Wirtschaftsreform, gerade bei denen, auf deren Mitwirkung er angewiesen war, auf Widerstand stieß. Alle diese Vorgänge und noch manche andere Gründe, die hier nicht zu erörtern sind, bewogen den Fürsten Bismarck, im April 1877 den Kaiser um seine Entlassung aus allen seinen Ämtern zu bitten. Es ist bekannt, wie dieser mit dem entscheidenden „Niemals," das er auf das ihm eingereichte Entlassungsgesuch schrieb, dem Deutschen Reiche seinen Reichskanzler, sich selbst den bewährtesten Ratgeber erhalten hat. Seitdem hat Fürst Bismarck trotz aller Angriffe, denen er von seiten der Ultramontanen und der Fortschrittspartei, von den Sozialdemokraten ganz zu schweigen, unaufhörlich ausgesetzt gewesen ist, bis zu seiner Entlassung treu im Dienste des Kaisers ausgehalten, wie schwer es ihm auch oft mag geworden sein, die Nadelstiche zu ertragen, mit denen diese Parteien bei jeder sich darbietenden Gelegenheit ihn zu ärgern wußten!

Fest- und Ehrentage

Auch die Jahre nach den großen Erfolgen und Siegen des deutsch-französischen Krieges und der Begründung des Deutschen Reiches haben dem Fürsten Bismarck noch manchen hohen Festtag gebracht, in dessen Feier er den Lohn treuer Arbeit sehen durfte. Als am 2. September 1873 die Siegessäule auf dem Königsplatze zu Berlin enthüllt wurde, galt der erste Dank des Kaisers seinem Reichskanzler, der den deutschen Heeren den Weg zu den Siegen, zu deren Erinnerung das Denkmal errichtet ist, gebahnt hat. Hier sei auch gleich der Verleihung des Ordens pour le mérite gedacht, den Kaiser Wilhelm I. dem Fürsten Bismarck am Sedantage des Jahres 1884 mit Worten übersandte, die den Geber nicht minder als den Empfänger ehrten.

Zu diesen kaiserlichen Anerkennungen der militärischen Verdienste des Fürsten Bismarck ist auch die schon früher am 22. März 1876 erfolgte Ernennung desselben zum General der Kavallerie zu zählen. Wir erwähnen ferner die am 1. Oktober 1879 erfolgte feierliche Eröffnung des Reichsgerichtes zu Leipzig, durch welche mit der Einheit der Rechtspflege neben der Einheit des Heerwesens, der Auswärtigen Angelegenheiten und des öffentlichen Verkehrswesens der vierte Grundpfeiler der deutschen Einheit auf gerichtet wurde. Auch die Gründung der Universität Straßburg, dieser Pflanzstätte deutschen Wesens in den neuerworbenen Reichs landen, im April 1872 und die spätere feierliche Einweihung der neuen Hochschule durfte Fürst Bismarck als Ehrentage für sich in Anspruch nehmen. Und welch einen großen, wenn nicht den größten Anteil durfte er sich an der erhebenden nationalen Feier zuschreiben, mit welcher am 28. September 1883 das Niederwald-Denkmal eingeweiht wurde. Leider gestattete sein Gesundheitszustand es ihm nicht, derselben persönlich beizuwohnen. Nicht lange darnach durfte Fürst Bismarck am 9. Juni 1884 zu dem noch großartigeren Denkmal, das der Wiederherstellung des Deutschen Reiches und der Einigung des deutschen Vaterlandes in dem Bau eines Reichstagsgebäudes erstehen soll, den Grundstein legen helfen. Am herrlichsten und großartigsten aber hat sich die dankbare Liebe und Verehrung des deutschen Volkes für den ersten Kanzler des neuerstandenen Deutschen Reiches bei der Feier des 70. Geburtstages des Fürsten Bismarck am 1. April 1885 kundgegeben. Vom Kaiser und den deutschen Reichsfürsten bis in die Kreise der

Arbeiter hinab wetteiferte alles, was deutsch dachte und fühlte, um an diesem Tage der Dankbarkeit für die Verdienste des Reichskanzlers einen lauten Ausdruck zu geben. Der schönste und ruhmvollste Ausdruck dieses Dankes war vor allem das Kaiserliche Handschreiben, mit welchem der Kaiser dem Fürsten am frühen Morgen seines Ehrentages das berühmte Bild Anton von Werners: „Die Verkündigung des neuen deutschen Kaisertums zu Versailles" übersandte. In sinniger Weise wollte dadurch der Kaiser den Gefeierten an das Höchste erinnern, was er ihm hatte erringen helfen. Daneben ließ es sich der Kaiser nicht nehmen, vom Großherzog von Baden, vom Kronprinzen und den anderen Prinzen des Könighauses begleitet, dem treuen Reichskanzler auch persönlich seine Glückwünsche darzubringen. Mit bewegter, von Rührung unterbrochener Stimme dankte ihm der greise Monarch für die vielen und hohen Verdienste, die sich der Kanzler durch sein langjähriges, erfolgreiches Wirken erworben habe. Er bat ihn, auch ferner auszuharren. Tief bewegt erwiderte der Fürst: „Ich habe nie ein höheres Glück gekannt, als Euer Majestät und dem Lande zu dienen, und so wird es auch für den Rest meines Lebens sein. Was ich geleistet, habe ich nur leisten können durch das Vertrauen, welches Eure Majestät mir stets geschenkt haben."

Aber auch das deutsche Volk schloß sich dem Kaiser mit einem Ehrengeschenke an. Die in allen Teilen Deutschlands dafür veranstalteten Sammlungen hatten einen Ertrag von nahezu drei Millionen Mark ergeben. Mit einem Teile dieser Summe wurde der im Laufe der Zeit für die Familie Bismarck verloren gegangene Teil des Stammgutes Schönhausen zurückgetauft. Außer dem Besitztitel dieses Erwerbs konnte dem Fürsten noch ein Betrag von 1,200 000 Mark zur Verfügung gestellt werden, den er zur Errichtung einer „Schönhauser" Stiftung verwendete, aus welcher Kandidaten des höheren Lehramts, die Bildner und Erzieher der deutschen akademischen Jugend, in der Zeit nach ihrer Staatsprüfung und vor ihrer Anstellung Unterstützungen von jährlich 1000 Mark, und zwar längstens sechs Jahre lang, erhalten sollen.

Im Dreikaiserjahre

Schon im Jahre 1887 deuteten manche Anzeichen darauf hin, daß Kaiser Wilhelms Erdentag sich seinem Ende zuzuneigen begann. Bei der Grundsteinlegung zum Bau des Nord-Ostseekanals am 3. Juni 1887, der letzten öffentlichen Feier von allgemeiner nationaler Bedeutung, an welcher Kaiser Wilhelm teilnehmen durfte, hatte er sich eine Erkältung zugezogen. Seitdem war seine bisher so eiserne Gesundheit dauernd erschüttert.

Bismarck verkündet dem Reichstag den Tod Kaiser Wilhelms.

Dazu kam die Sorge um den einzigen geliebten Sohn und Thronfolger, den von tückischer, tödlicher Krankheit befallenen deutschen Kronprinzen, die seit dem Mai schwer auf seinem Vaterherzen lastete. Durch die Nachrichten, welche von dem während des Sommers in England, dann in Toblach und zuletzt in San Remo weilenden Kronprinzen einliefen, steigerte sich diese Sorge von Monat zu Monat. Eine weitere tiefe Gemütserschütterung wurde ihm durch den ganz unerwarteten Tod eines geliebten Enkelsohnes, des hoffnungsvollen Prinzen Ludwig Wilhelm von Baden, bereitet. Am 4. März 1888 warf den tiefgebeugten Kaiser ein heftiger Anfall seines alten Nierenleidens auf das Krankenlager, von dem er nicht mehr aufstehen sollte. Die schmerzlichen Vorgänge der folgenden Tage leben so frisch in aller Erinnerung, daß sie hier einer weiteren Wiederholung nicht bedürfen. Am 8. März durfte der Reichskanzler zum letztenmal seinem Kaiser die Hand drücken, der den Wunsch ausgesprochen hatte ihn zu sehen und unter Worten des Dankes und der Anerkennung die politische Lage mit ihm erörterte. Nachdem der Kaiser am 9. März vormittags um halb 9 Uhr verschieden war, erschien Fürst Bismarck im Reichstag, um mit zitternder Stimme und Tränen im Auge zunächst die amtliche Mitteilung von dem

Heimgange des großen Kaisers und von dem Regierungsantritt Kaiser Friedrichs III. zu überbringen. Er teilte dem Reichstag mit, daß der letzte Regierungsakt des Heimgegangenen die Vollziehung der allerhöchsten Ermächtigung zum Schluß des Reichstages gewesen sei. Er machte aber von diesem historischen Aktenstück jetzt nur den Gebrauch, es zu den Akten zu geben. Aufs tiefste erschüttert machte Fürst Bismarck seinem gepreßten Herzen dann in einer Ansprache Luft, die mit den Worten schloß: „Die heldenmütige Tapferkeit, das nationale hochgespannte Ehrgefühl und vor allen Dingen die treue, arbeitsame Pflichterfüllung im Dienste des Vaterlandes und die Liebe zum Vaterlande, die in unserem dahingeschiedenen Herrn verkörpert waren: mögen sie ein unzerstörbares Erbteil unserer Nation sein, das der aus unserer Mitte geschiedene Kaiser uns hinterlassen hat! Das hoffe ich zu Gott, daß dieses Erbteil von uns allen, die wir an den Geschäften des Vaterlandes mitzuwirken haben, in Hingebung, Arbeitsamkeit und Pflichttreue treu bewahrt wird!"

Als der Reichskanzler seine oft durch lautes Schluchzen unterbrochene Rede geendet hatte, lehnte er sich in seinen Sessel zurück, sein Gesicht mit der Hand bedeckend. Tiefes ernstes Schweigen, eine lange lautlose Pause folgte. — Diejenigen , welche gehofft hatten, Kaiser Friedrich werde seine Regierung mit der Entlassung des Fürsten Bismarck beginnen, erlebten jetzt eine bittere Enttäuschung. Denn die allererste Regierungshandlung des neuen Kaisers war ein Dankschreiben an den Reichskanzler und das Staatsministerium, das mit den Worten schloß: „Ich rechne auf Ihrer Aller Beistand bei der schweren Aufgabe, die Mir wird." Fürst Bismarck reiste mit dem gesamten preußischen Staatsministerium dem neuen Kaiser bis Leipzig entgegen und geleitete ihn von da in seinem Salonwagen bis nach Charlottenburg. Alle Versuche, die von deutschfreisinniger Seite gemacht wurden, den Fürsten Bismarck durch Verleumdung an allerhöchster Stelle womöglich zu Falle zu bringen, erwiesen sich als erfolglos. Auch der Widerspruch, den Fürst Bismarck gegen die geplante Vermählung der Prinzessin Viktoria mit dem Fürsten von Bulgarien, dem Prinzen Alexander von Battenberg einlegte, vermochte das gute Einvernehmen mit dem Kaiser Friedrich nicht zu zerstören. Etwa auftauchende Meinungsverschiedenheiten wurden seitens der Majestäten mit dem Kanzler in freundlichster Weise verhandelt. Nur 99 Tage währte die kurze Regierung des stillen Dulders auf dem Throne.

73

Bismarck bei Kaiser Friedrich

Am 15. Juni 1888 trauerte Deutschland abermals an der Bahre eines Kaisers. Unter den Tugenden, die Kaiser Friedrich in der kurzen ihm zur Regierung vergönnten Frist geübt hat, darf nicht als die letzte seine Selbstbeherrschung und Selbstüberwindung hervorgehoben werden, daß er, welcher das Bedürfnis und die Befähigung zu selbstherrlicher Regierung so lebhaft und hoheitsvoll in sich trug wie kaum ein anderer Hohenzoller seit den Tagen des großen Friedrich, sich sicher leiten ließ durch den treu erprobten Diener seines Vaters, den Fürsten Bismarck, und zwar obwohl Kaiser Friedrich über gar manche Frage zeit seines Lebens ganz anderer Meinung gewesen und geblieben war als sein Reichskanzler.[2]

Das Verhältnis des nunmehrigen jungen Kaisers Wilhelm II. zu Fürst Bismarck war schon längst ein überaus herzliches. War er doch schon als Prinz Wilhelm ein begeisterter Bewunderer des Reichskanzlers und seiner Politik gewesen, und als Kronprinz hatte er dieser Begeisterung in einem Trinkspruch, den er am I.April 1888 beim Festmahl am Geburtstag des Reichskanzlers ausbrachte, einen unzweideutigen Ausdruck gegeben. „Um mich eines militärischen Bildes zu bedienen," so führte der Kronprinz in diesem Trinkspruch aus, „so sehe ich unsere jetzige Lage an, wie ein Regiment, das zum Sturm schreitet. Der Regimentskommandeur ist gefallen, der nächste, obwohl schwer getroffen, reitet noch kühn voran. Da richten

---

[2] Anmerkung. Vgl. Dr. Hans Blum: Das Deutsche Reich zur ZeitBismarcks. Seite 562

sich die Blicke auf die Fahne, die der Träger hoch emporschwenkt. So halten Ew. Durchlaucht das Reichspanier empor. Möge es, das ist unser innigster Herzenswunsch, Ihnen noch lange vergönnt sein, in Gemeinschaft mit unserem geliebten und verehrten Kaiser das Reichsbanner hochzuhalten. Gott segne und schütze denselben und Ew. Durchlaucht!"

In allen Kundgebungen, mit denen der junge Kaiser seine Regierung antrat, betonte er mit Nachdruck den Entschluß, seine Regierung im Sinn und Geist seines Heimgegangenen Großvaters führen zu wollen. Einen beredten Beweis seiner Huld und Zuneigung gab der Kaiser dem Fürsten Bismarck, als er am 25. Juni, umgeben von allen deutschen Fürsten, den Reichstag eröffnete. Als er dem Kanzler nämlich die Thronrede nach deren Verlesung zurückgab, reichte er ihm vom Throne herab die Hand, indem er die des Kanzlers kräftig schüttelte. Bismarck erwiderte den Händedruck; im nächsten Augenblick aber drückte er in sichtlicher Bewegung einen Kuß auf die Rechte des Kaisers. Wie Kaiser Wilhelm II. im vollen Einverständnis mit dem Reichskanzler durch seine Besuche bei einer Reihe befreundeter Herrscher seine Friedensliebe bekundete, so erwies er in demselben Einverständnis seine maßvolle Haltung in der inneren Politik und im Kampfe der Parteien. So bestätigte er gewiß nicht ohne den Rat des Fürsten Bismarck die Berufung des Professor D. Harnack nach Berlin, welche die streng orthodoxe Richtung mit allen Mitteln zu hintertreiben versucht hatte. Zum Dank dafür verlieh die Universität Gießen dem Fürsten Bismarck den Ehrentitel eines Doktors der Theologie.

Der größte Erfolg auf dem Gebiete der inneren Politik und Gesetzgebung, den Bismarck in den ersten Jahren der Regierung Kaiser Wilhelms II. noch zu verzeichnen hatte, war das Zustandekommen des bereits erwähnten Invaliditäts- und Altersversicherungsgesetzes.

Die Entlassung des Fürsten Bismarck

Noch am letzten Tage des Jahres 1889 hatte Kaiser Wilhelm an den Reichskanzler ein huldvolles Telegramm gerichtet, das die Worte enthielt: „Ich bitte Gott, er möge Mir in Meinem schweren und verantwortungsvollen Amte Ihren treuen und erprobten Rat noch lange Jahre erhalten." Um so weniger konnte man ahnen, daß das gute Einvernehmen zwischen Kaiser und Kanzler schon so bald ein jähes Ende finden sollte. Es kann hier nicht unsere Aufgabe sein, die Gründe zu untersuchen, durch welche dieses Einvernehmen gestört worden ist, und den Einflüssen nachzuspüren, die zu der Lockerung

Die Reichstagseröffnung von Kaiser Wilhelm II.

desselben beigetragen haben. Hier haben wir es nur mit der schmerzlichen Tatsache zu tun, daß schon in den ersten Monaten des Jahres 1890 ernste Meinungsverschiedenheiten zwischen dem Kaiser und dem Reichskanzler hervorzutreten begannen.

Dieselben machten sich zunächst auf dem Gebiete der sozialen Gesetzgebung geltend. Während Fürst Bismarck auf eine abermalige Verlängerung des zur Abwehr der sozialdemokratischen Bestrebungen gerichteten Gesetzes den größten Wert legte, verlautet, daß sich der Kaiser für die Aufhebung dieses Ausnahmegesetzes ausgesprochen habe. Der Kaiser wünschte in der Frage des Arbeiterschutzes ein rascheres Vorgehen, während Fürst Bismarck das Werk der sozialpolitischen Gesetzgebung mit dem Abschluß des Altersversicherungsgesetzes vorläufig an einem Ruhepunkte angekommen sah und weitere sozialpolitische Fragen erst später in Angriff genommen zu sehen wünschte.

Aber trotz dieser abweichenden Meinung versagte Fürst Bismarck diesen Bestrebungen des Kaisers seine Mitwirkung nicht.

Wenn auch die kaiserlichen Erlasse vom 4. Februar 1890, in denen der Kaiser den Entschluß kund gab, die Frage des Arbeiterschutzes durch eine internationale Konferenz und in der inneren Gesetzgebung Preußens und des Reiches durch Vorberatungen des preußischen Staatsrates in Angriff zu nehmen, ohne die Gegenzeichnung des Reichskanzlers erschienen, so war es doch gerade Fürst Bismarck gewesen, der zu beiden Maßregeln den Rat erteilt hatte. Er hatte dies in der Hoffnung getan, daß der Verlauf dieser Beratungen dazu führen würde, voreiligen und unausführbaren Unternehmungen auf dem Gebiete des Arbeiterschutzes vorzubeugen. Als aber der Kaiser in diesen Fragen ohne Mitwissen des Fürsten Bismarck von anderen Ministern sich beraten ließ, glaubte Fürst Bismarck als Ministerpräsident dagegen Einspruch erheben zu müssen. Hatte der Kaiser darin schon eine Beeinträchtigung seiner monarchischen Rechte gesehen, so wurde seine Verstimmung gegen den Reichskanzler dadurch noch gesteigert, daß Fürst Bismarck den Reichstagsabgeordneten Windthorst, den Führer des Zentrums, zu einer Unterredung empfangen hatte, über deren Inhalt dem Kaiser Gerüchte in bismarckfeindlichem Sinne hinterbracht worden waren. Der Kaiser erschien persönlich beim Reichskanzler, um über den Inhalt jenes Gespräches Auskunft zu fordern. Diesen Anspruch wies Bismarck mit der Erklärung zurück, daß er seinen Verkehr mit Abgeordneten keiner Aufsicht unterwerfen lasse. Dadurch war der Bruch zwischen beiden unheilbar geworden. Am frühen Morgen des 17. März entsandte der Kaiser den General von Hahnke zu Bismarck mit dem Auftrag: „Der Kaiser erwarte das Entlassungsgesuch des Fürsten." Der letztere erwiderte ungefähr, daß es ja in des Kaisers freiem Ermessen stehe, ihm jederzeit seine Entlassung zu geben, daß aber ein vom Fürsten eingereichtes Entlassungsgesuch ein falsches geschichtliches Bild der Sachlage geben würde.

Hierauf erschien noch am nämlichen Tage der Chef des Zivilkabinets von Lucanus bei Bismarck mit dem direkten Befehle des Kaisers bis zu einer bestimmten Stunde Allerhöchstdemselben sein Entlassungsgesuch zu unterbreiten. Diesem bestimmten Befehl des Kaisers hatte der Fürst natürlich nichts mehr entgegen zu setzen. Nur erbat er sich so lange Frist, um in einer ausführlichen Eingabe die Gründe darlegen zu können, welche ihm, wenn nicht der bestimmte Befehl des Kaisers vorläge, den Rücktritt bei der augenblicklichen politischen Lage nicht würde erlaubt erscheinen lassen. Diese Denkschrift wurde dem Kaiser gegen Mittag des 20. März zugestellt;

wenige Stunden darauf erschienen Herr von Lucanus und General von Hahnke beim Fürsten Bismarck, um ihm die Entlassung aus allen seinen Ämtern zu bringen. Das kaiserliche Schreiben, mit welchem ihm diese Entlassung erteilt wurde, lautete an seinem Schlusse:

„Ich entspreche Ihrem Wunsche, indem ich Ihnen den erbetenen Abschied in Gnaden und in der Zuversicht erteile, daß Ihr Rat und Ihre Tatkraft, Ihre Treue und Hingebung auch in Zukunft Mir und dem Vaterlande nicht fehlen werden."

Zugleich wurde dem Fürsten die Würde eines Herzogs von Lauenburg verliehen und das lebensgroße Bildnis des Kaisers versprochen. Am 26. März verabschiedete sich Fürst Bismarck im Kaiserschlosse. Als er nach halb 11 Uhr vormittags, in der Uniform und Mütze des Kürassierregiments von Seydlitz und mit dem Bande des schwarzen Adlerordens angetan in seinem von vier berittenen Schutzleuten begleiteten Kabriolett die Linden entlang zum Königsschlosse fuhr, da strömte das Volk im Sturmeslaufe von allen Seiten, aus allen Zugangsstraßen herbei, um ihm in einer Weise zu huldigen, wie es gewaltiger und ergreifender noch nicht gesehen worden ist.

Fast anderthalb Stunden dauerte der Aufenthalt des Fürsten im Schlosse. Zunächst erschien beim Eintritt die Kaiserin mit den Prinzen. Sie nahm herzlichen Abschied von dem Entlassenen.

Aufs schmerzlichste bewegt, drückte sie dem treuen Manne fest die Hand und rief ihm tief ergriffen zu: „Leben Sie wohl!" Die Prinzen stimmten in den Ruf mit ein. Erst nach dieser Szene kam der Kaiser. Was die beiden beim Abschiede gesprochen haben, ist nicht bekannt geworden.

Die Huldigungen, welche den Fürsten nach dem Wiedererscheinen seines Wagens vor dem Schlosse erwarteten, spotten jeder Beschreibung. Die Volksmenge war inzwischen ins Unendliche angeschwollen. Undurchdringliche Menschenmauern standen auf den Bürgersteigen und vom Schloß bis zum Denkmal Friedrich des Großen, selbst auf den Plätzen und Führdämmen, so daß der ganze Fuhrwerksverkehr ins Stocken geriet. Alle Fenster und Balkone hatte sich inzwischen mit Zuschauern gefüllt. Überall stürmische Zurufe, Hüteschwenken und Tücherwehen ohne Ende. Dichte Scharen folgten dem Wagen bis zum Reichskanzlerpalais und umlagerten dieses noch eine Stunde lang. Auf dem ganzen Wege dankte der Fürst durch unaufhörliches Verneigen nach rechts und

Bismarck am Sarge Kaiser Wilhelms

links, sichtlich tief ergriffen von diesem ganz unvorbereiteten, aus überquellenden Herzen mit unüberstehlicher Gewalt hervor brechenden Huldigungen.

Einen Tag später machte Fürst Bismarck den letzten und schwersten Abschiedsbesuch. Schon ging der Tag zur Neige, da hielt am Seitenportale des Charlottenburger Schlosses, dicht neben der Schloßwache, ein leichtes Kabriolett, und bevor dem noch die zahlreichen Spaziergänger, die in der Umgebung weilten, ihr

Erstaunen äußern konnten, wer denn wohl zu so vorgerückter Stunde noch dem Schlosse einen Besuch abstatten möchte, entstieg Fürst Bismarck dem Wagen und dankte lebhaft für die ehrerbietigen Grüße, die ihm alsbald von allen Seiten dargebracht wurden. Vom Hofgärtner erbat er sich drei Rosen. Diese in der Hand haltend, schritt er langsam durch die einsamen Gänge des Parkes Mausoleum zu. Tiefer Ernst lag auf seinen Antlitz ausgebreitet, als er die Stufen zu der geweihten Stätte emporstieg und hier zunächst einige Augenblicke an den Grabdenkmälern König Friedrich Wilhelms III. und der Königin Luise verweilte. Dann stieg der große Kanzler hinab zur Gruft seines großen Kaisers Wilhelm I. Mehr als zehn Minuten verweilte er dort und legte die Rosen am Sarge des Kaisers nieder, unter dem er über ein Vierteljahrhundert am Aufbau und der Einrichtung des Reiches unermüdlich und mit beispiellosem Erfolg gearbeitet hatte.

Was er dort empfunden und gedacht hat, umfaßt alle Größe, alle Freuden, allen Ruhm, aber auch alles Leid unseres Volkes, woran er drei Jahrzehnte hindurch den unmittelbarsten persönlichen Anteil gehabt hatte.

Fast alle deutsche Fürsten gaben auf telegraphischen Wege ihrem Schmerz über das Scheiden des Gründers des Deutschen Reiches aus seinen Ämtern Ausdruck. Einen wie schweren Kampf die verhängnisvolle Entscheidung, die er getroffen, auch dem Kaiser selbst gekostet hat, beweist nachfolgendes Telegramm, das er am 22. März 1890, am Geburtstag seines Großvaters an den Großherzog von Weimar richtete: „Mir ist so weh, als hätte Ich noch einmal Meinen Großvater verloren. Aber von Gott Bestimmtes ist zu tragen, auch wenn man darüber zu Grunde gehen sollte. Das Amt des wachhabenden Offiziers auf dem Staatsschiff ist Mir zugefallen; der Kurs bleibt der alte, Volldampf voran!"

Am 29. März verließ Bismarck Berlin. Die Huldigungen, welche ihm bei diesem letzten Scheiden von der Reichshauptstadt dargebracht wurden, überstiegen alles Frühere. Nie ist ein regierender Herrscher in Berlin so geehrt worden. Alle Minister, der neue Reichskanzler von Caprivi, alle Hofchargen, Generäle, alle Botschafter und Vertreter des diplomatischen Korps, kurz das „ganze amtliche Berlin", war auf dem Lehrter Bahnhof anwesend, als Fürst Bismarck vorfuhr, um von Berlin zu scheiden. Der Kaiser hatte herrliche Blumenspenden für den Fürsten und die Frau Fürstin gesandt, und hier wie in Friedrichsruh wurden dem Fürsten auf

Befehl des Kaisers durch dazu kommandierte Truppenabteilungen militärische Ehren erwiesen. Aber dieses gesamte amtliche Gepränge reichte doch nicht entfernt an der treuen deutschen Volksseele Liebes- und Dankesbezeugungen heran, welche dem Fürsten Bismarck dargebracht wurden von der Ausfahrt aus seinem bisherigen Wohnsitz in der Wilhelmstraße an bis zur Abfahrt auf dem Lehrter Bahnhof. Alle, die diesem Abschied beiwohnten, waren einig, daß eine solche Szene vorher niemals erlebt worden sei.

Die Aussöhnung des Kaisers mit dem Fürsten Bismarck

Fast vier Jahre waren seit dem Rücktritt des Fürsten Bismarck vergangen, ohne daß der Kaiser und der Alt-Reichskanzler sich jemals wieder gesehen hatten. Manches war inzwischen geschehen. wodurch die Entfremdung zwischen beiden immer größer und der vollzogene Bruch immer unheilbarer wurde. Der Alt-Reichskanzler, der in der Zurückgezogenheit des Sachsenwaldes wie ein Verbannter lebte, hielt mit seinen Bedenken gegen die Bahnen, welche „der neue Kurs" eingeschlagen hatte, nicht zurück. Je mehr diese Bedenken in den weitesten Kreisen des Volkes und gerade in denen, die am treuesten zu Kaiser und Reich standen, geteilt wurden, um so mehr wurde von diesen Kreisen jede sich darbietende Gelegenheit wahrgenommen, um die unverändert gebliebene Verehrung und Liebe zu dem Fürsten Bismarck, der das Steuer des Deutschen Reiches so lange mit starker Hand sicher geleitet hatte, in lauten Kundgebungen zum Ausdruck zu bringen. Diese Kundgebungen erreichten ihren Höhepunkt im Sommer 1892. Bei Gelegenheit der Reise des Fürsten Bismarck nach Wien, der sich dorthin begab, um der Vermählung seines ältesten Sohnes, des Grafen Herbert von Bismarck, beizuwohnen, wurde dem ehemaligen Reichskanzler von seiten der leitenden Kreise von Berlin eine Behandlung zu teil, die das deutsche Volk als eine ihm selbst angetane Beleidigung empfand. Mit Sturmesgewalt erhob sich die Entrüstung der deutschen Volksseele über die Schmäher und Verkleinerer des besten deutschen Mannes. Scheute man sich doch nicht, gegen den Fürsten Bismarck den Vorwurf zu erheben, daß seine gelegentlichen Äußerungen über die in dem neuen Kurs eingeschlagenen Wege das monarchische Gefühl und die Ehrfurcht vor dem Kaiser verletzten. Jetzt ward Fürst Bismarck geehrt, wie noch nie ein Mann in deutschen Landen geehrt worden ist. Seit den Julitagen von 1870 ist die allgemeine Begeisterung und die zornige Erhebung nicht mehr in solchen hellen Flammen emporgelodert, wie in den auf die Reise nach Wien folgenden Wochen und Monaten um die ehrwürdige Gestalt unseres Alt-Reichskanzlers, der sich von Wien aus zu seiner alljährlichen Kur nach Kissingen begeben hatte. Zu Tausenden Wallfahrteten sie dorthin, die treuen Männer und Frauen aus Württemberg, Baden und der Pfalz, um durch ihr Erscheinen und ihr Wort feierliche Verwahrung einzulegen gegen die kränkende Behandlung Bismarcks, um diesen zu schauen, ihm zu huldigen, seinen Worten zu lauschen, die in immer neuer Fülle von Gedanken patrio-tische Mah-nungen an alle richte-ten. So war auch die Heimreise des Fürsten über Weimar, Jena, Halle, Magdeburg nach Schönhausen ein bei-spielloser Triumph-zug, das Volksfest in Jena zu Ehren des Fürsten eine großartige, unvergleich-liche Huldigung.

In Friedrichsruh

Den lautesten Wie-derhall in jedem deut-schen Herzen fand das Wort, das Fürst Bis-marck am 31. Juli 1892 auf dem Marktplatz zu Jena gesprochen: „Wir können nicht regiert werden unter der Leitung einer der bestehenden Fraktionen, am allerwenigsten unter der des Zentrums. Das Zentrum halte ich nach wie vor für einen Gegner des Reiches. Ich erachte es als ein Unglück, wenn die Regierung ihre Tendenz hauptsächlich darauf zuspitzt, dem Zentrum zu gefallen. Ich bin eingeschworen auf die weltliche Leitung eines evangelischen Kaisertums."

Aber bei alledem lastete doch die Entfremdung zwischen Berlin und Friedrichsruh wie ein Alp auf der Volksseele und mit banger Sorge erfüllte der Gedanke die Herzen, der alte Einsiedler könnte für immer von uns scheiden, ohne daß sich noch einmal seine Hand versöhnt in die seines jugendlichen Kaisers gelegt habe. Diese Sorge, die nicht am wenigsten dazu beigetragen hatte, das in weiten Kreisen verbreitete Unbehagen zu stärken, steigerte sich, als im August 1893 beunruhigende Nachrichten über den Gesundheitszustand des Fürsten in die Öffentlichkeit drangen. So war es schon wie eine Befreiung von schwerem Alpdruck, als der Telegraph die Kunde

Begrüßung Bismarcks von Kaiser Wilhelm II. in Berlin

brachte, daß Kaiser Wilhelm von Günz in Ungarn mit Worten herzlicher Teilnahme nach dem Befinden seines ehemaligen Kanzlers sich erkundigt und dadurch zum erstenmal wieder einen persönlichen Verkehr mit ihm angebahnt habe. Aber lange schien es, als ob es bei dieser Teilnahme, wie man sie jedem Schwerkranken schenkt, sein Bewenden haben sollte. Um so größer war die Freude, als am 22. Januar 1894 wenige Tage vor dem Geburtstage des Kaisers die Kunde durch die Lande lief, daß die vollständige Aussöhnung des Kaisers mit dem Fürsten Bismarck zur Tatsache geworden sei.

An diesem Tage hatte der Monarch seinen Flügeladjutanten Grafen Moltke nach Friedrichsruh gesandt, dem Fürsten eine Flasche alten Weines aus seinem Keller zur Stärkung seiner Gesundheit übersenden lassen und ihn beglückwünscht, daß er nunmehr wieder hergestellt sei. Fürst Bismarck war hocherfreut, ließ Sr. Majestät seinen innigsten Dank abstatten und stellte in Aussicht, er werde nach dem Geburtstag des Kaisers, wenn es seine Kräfte gestatteten, sich erlauben, nach Berlin zu kommen, um dem kaiserlichen Herrn persönlich seinen Dank abzustatten.

Aber noch früher, schon am Tage vor dem Geburtstage, erfolgte der in Aussicht genommene Besuch des Alt-Reichskanzlers in Berlin, und wer diesen Tag mit erlebt hat, dem wird er zeitlebens unvergessen bleiben. Denn wie an den großen patriotischen Festtagen, deren unter Kaiser Wilhelm dem Siegreichen so viele gefeiert worden sind, hatten sich unter den Linden und vom Brandenburger Tor bis nach dem Lehrter Bahnhof Tausende und Abertausende von Menschen zusammengefunden, um den Fürsten Bismarck zu erwarten. Wie ein Wiederhall jenes großen Tages, da der Reichskanzler im Jahre 1871 seinem kaiserlichen Herrn beim Einzug der siegreichen Truppen vorausgeritten war, umbrauste lauter Jubel der Kopf an Kopf gedrängten Menge den geschlossenen Hofwagen, in dem Prinz Heinrich den Fürsten vom Bahnhof nach dem Schloß geleitete, und dem eine halbe Schwadron Garde Kürassiere vorausritt und eine zweite folgte. Alle öffentlichen Gebäude hatten reichen Flaggenschmuck angelegt. Glücklich schätzte sich jeder , dem es für einen Augenblick wenigstens vergönnt war, das Angesicht des Mannes zu sehen, dem in dieser Stunde die Herzen aller Deutschen heißer als je entgegenschlugen. Wie er auf der ganzen Fahrt umjubelt wurde, wie sich ihm die Hände entgegenstreckten, wie die Hüte und Mützen flogen, wie die Tücher wehten, das alles läßt sich nicht beschreiben.

Auf der Lustgartenseite des königlichen Schlosses war eine Ehrenkompagnie vom 2.Garde-Regiment zu Fuß aufgestellt. Prinz Heinrich und Fürst Bismarck verließen den Wagen und schritten die Front der Ehrenkompagnie ab, dann nahm der Fürst den Vorbeimarsch derselben nnd der Garde-Kürassiereskorte entgegen und begab sich, von dem Prinzen Heinrich geleitet, in die für ihn bestimmten auf der Lustgartenseite des Schlosses im Erdgeschoß gelegenen Gemächer. Hier empfing der Kaiser den Fürsten. Kaum vermochte der letztere seiner tiefen Bewegung Herr zu werden. Als der Fürst dem Kaiser die Hand küssen wollte, wehrte dieser es ab und umarmte und küßte zweimal auf das herzlichste seinen ehemaligen Reichskanzler. Bis kurz nach 7 Uhr abends verweilte Fürst Bismarck als Gast seines Kaisers im königlichen Schlosse. Der gleiche Triumphzug wie am Mittag wiederholte sich, als der Fürst, diesmal vom Kaiser selbst geleitet, durch die im Glänze elektrischer Sonnen erstrahlenden Linden zum Bahnhof fuhr. Auch jetzt wurde wieder der geschlossene kaiserliche Wagen von gepanzerten Lanzenreitern eskortiert, deren Fähnlein in dem Abendwinde lustig flatterten, und noch einmal klang aus allen Kehlen und Herzen von Hunderttausenden allüberall begeisterter Zuruf, welcher dem in die Einsamkeit seines Sachsenwaldes zurückkehreuden Nationalhelden auf der ganzen Fahrt das Geleit gab.

Eine nochmalige Besiegelung hat dann die durch den hoch herzigen Entschluß des Kaisers herbeigeführte Versöhnung dadurch gefunden, daß der Kaiser einige Wochen später, am 19. Februar, den Besuch des Alt-Reichskanzlers zu Friedrichsruh erwidert hat.

Von einem schweren Drucke, der lange Zeit auf vieler Herzen lastete, hat Deutschland in diesen Tagen neu aufgeatmet, in denen die letzten Nebel sich hoben, die sich beirrend und verwirrend zwischen den alten Kanzler des Reiches und den Erben des ersten deutschen Kaisers gedrängt hatten.

Nun konnte auch die Liebe des deutschen Volkes zu seinem Alt-Reichskanzler wieder in hellen Flammen auflodern und die dankbare Verehrung aller deutschen Herzen von jeder Rücksicht unbehindert in lauten Kundgebungen sich Luft machen. In der großartigsten Weise geschah dies in Huldigungsfahrten, welche Tausende von Männern und Frauen aus den östlichen Provinzen, Westpreußen und Posen im Monat September 1894 nach Varzin unternahmen, um dem Fürsten Bismarck ihre Ehrfurcht zu bezeugen. In erfreulicher Frische und Gesundheit konnte der Fürst die herbeigeströmten Gäste empfangen. Wie immer, so benutzte er auch diese Gelegenheiten, um ein kräftiges politisches Wort zu sprechen, in welchem er diesmal die seinen Gästen zunächstliegende Polenfrage eingehend behandelte.

Den sonnigen Septembertagen dieser Empfänge sind dann in Varzin leider bange Wochen schwerer Sorge und Tage tiefster Trauer gefolgt. Der Gesundheitszustand der Gemahlin des Fürsten gab schon seit längerer Zeit zu ernsten Besorgnissen Anlaß, die sich im Spätherbst 1894 in immer bedenklicherem Maße steigerten, bis der greise Fürst am 27. November 1894 in dem Heimgang seiner teuren, langjährigen, treuen Lebensgefährtin, die siebenundvierzig Jahre hindurch alle Sorge und alle Freude seines tatenreichen Wirkens geteilt hatte, den tiefsten Schmerz, der ihn je betroffen hat, erleben mußte. Ein eheliches und häusliches Glück, wie es in gleicher Vollendung sich selten wiederfindet, ist damit ins Grab gesunken. Von den unscheinbaren Anfängen seiner politischen

Laufbahn bis auf den Gipfel weltgeschichtlichen Ruhmes hat die Dahingeschiedene den Gemahl durch alle Lebenslagen in treuer sich selbstvergessender Liebe geleitet. Der Einklang des Geistes und Herzens, in welcher Otto von Bismarck von dem ersten Tage seiner Ehe sich mit seiner Gattin verbunden wußte, ist ihm der Quell nie versiegender Tatkraft geworden. Er selbst hat es wiederholt bezeugt, wie viel er insbesondere für sein inneres geistiges Leben den fördernden Einwirkungen des Wesens und Willens seiner Gemahlin zu verdanken gehabt hat. Dabei ist sie in allen äußeren Beziehungen des Lebens als das Muster einer deutschen Hausfrau und Mutter ihm die unentbehrliche Gehilfin und die treue Hüterin seiner Häuslichkeit gewesen. So beklagt der nun vereinsamt zurückgebliebene Gemahl der Dahingeschiedenen in ihrem Hintritt den Verlust des teuersten Wesens, das ihn mit der Welt und den Menschen verband und nie mehr wird der Schatten, den dieser Verlust über den Abend seines Lebens ausgebreitet hat, wieder von ihm genommen werden. Der achtzigste Geburtstag, dem Fürst Bismarck entgegen geht, ist für ihn nun aus einem Anlaß festlicher Freude zu einem Tage schmerzlichster, wehmutsvoller Trauer geworden. Aber nur um so treuer und fester wird sich das deutsche Volk an diesem Tage um seinen Helden scharen, nur um so inniger wird aus allen deutschen Herzen das Gebet zu Gott aufsteigen, daß auch an ihm in seiner Vereinsamung die Bitte jener Pilger am Osterabend sich erfüllen möge: „Bleibe bei uns Herr, denn es will Abend werden, und der Tag hat sich geneigt."

Fürst Bismarck,

der erste Reichskanzler Deutschlands.

Ein Lebensbild

zu dessen achtzigstem Geburtstag am 1. April 1895

gezeichnet von

D. Bernh. Rogge,

Kgl. Hofprediger in Potsdam.

Mit zahlreichen Abbildungen.

Mit Genehmigung nach der Originalphotographie von Hofphotograph Pilarz
angefertigt.

Inhalt.

	Seite
Bismarcks Kinder- und Jugendjahre	1
Der Gutsherr und Deichhauptmann	8
Bismarck im Vereinigten Landtage und in der Zeit der Revolution	12
Bismarck als Bundestagsgesandter in Frankfurt a. M.	15
Bismarck als Gesandter in Petersburg und Paris	18
Der Ministerpräsident	21
Der schleswig-holsteinische Krieg	23
Der Krieg gegen Österreich	20
Der Bundeskanzler	30
Der Krieg gegen Frankreich und die Begründung des neuen Deutschen Reiches	31
Friede nach außen	41
Der innere Ausbau des neuen Deutschen Reiches	48
Fest- und Ehrentage	54
Im Dreikaiserjahre	56
Die Entlassung des Fürsten Bismarck	59
Die Aussöhnung des Kaisers mit dem Fürsten Bismarck	63

Vorwort

Der Verfasser würde es kaum gewagt haben, den zahlreichen, zum Teil vortrefflichen Lebensbildern des Fürsten Bismarck, in denen dem Begründer des deutschen Reiches schon bei Lebzeiten unvergängliche Denkmäler gesetzt worden sind, ein neues hinzuzufügen, wenn ihm nicht ein ausdrücklicher Wunsch des Verlegers die Veranlassung und Anregung dazu gegeben hätte. Kaum jemals bin ich mir bei einer schriftstellerischen Arbeit der Unzulänglichkeit meiner Feder so bewußt geworden, als in diesem Falle. Wenn ich es dennoch wage, mit diesem Büchlein vor die Öffentlichkeit zu treten, so geschieht es lediglich in der Erwägung, daß nicht genug und niemals zu viel geschehen kann, um unter unserem deutschen Volke und namentlich in unserem vaterländischen Heere, sowie in dem heranwachsenden Geschlechte die Erinnerung an die Heroen unserer neueren vaterländischen Geschichte, insbesondere an die Paladine des Heldenkaisers Wilhelm I. lebendig zu erhalten, und den Alten wie den Jungen immer wieder das Bild der Männer vor Augen zu stellen, denen wir die langersehnte Einigung unseres Volkes und die Wiederherstellung des deutschen Reiches zu verdanken haben.

Eine besondere Ermutigung, mich an eine Arbeit zu wagen, für welche es viele berufenere und geschicktere Federn giebt, lag für mich in dem Umstande, daß der Herr Verleger die Schrift ausdrücklich als eine Festgabe für den bevorstehenden achtzigsten Geburtstag des Alt-Reichskanzlers erscheinen lassen will. Auf einem Geburtstagstisch dürfen neben großen und bedeutsamen Gaben, auch kleine und unscheinbare liegen. Als eine solche bitte ich die vorliegende kleine Schrift ansehen und beurteilen zu wollen. Wenn ihr ein Verdienst zukommt, so ist es vielleicht das, daß ich

— IV —

ernstlich bemüht gewesen bin, den reichhaltigen Stoff in möglichst gedrängter Kürze zusammenzufassen und dadurch die Verbreitung dieses Lebensbildes in den weitesten Kreisen des Volkes zu ermöglichen. Vor allem aber wird es mir vielleicht zu gute kommen, daß ich als unmittelbarer Zeuge der großen Ereignisse unserer vaterländischen Geschichte, mit denen der Name des Fürsten Bismarck zu unvergänglichem Gedächtnis verknüpft ist, auf manchem Blatte dieses Schriftchens auch Selbsterlebtes habe erzählen dürfen. Sofern dasselbe auch an seinem Teile irgendwie dazu beitragen sollte, eine würdige Feier dieses Ehrentages unseres deutschen Volkes fördern zu helfen, so würde damit vollständig der Zweck erreicht sein, den Verfasser und Verleger im Auge gehabt haben.

Potsdam, Dezember 1894.

Dr. theol. Bernhard Rogge.

Bismarcks Kinder= und Jugendjahre.

Soweit die geschichtlichen Erinnerungen zurückreichen, sind die Vorfahren des Fürsten Bismarck als ein angesehenes Adelsgeschlecht in der Altmark, diesem ältesten Bestandteile der Mark Branden=
burg, angesessen gewesen. Ihr Wappenschild zeigt ein Kleeblatt, zwischen dessen drei rundlichen Blättern drei zackige Eichenblätter mit nach außen gekehrten Spitzen hervorragen. Ihr Stammsitz war ursprünglich das Schloß Burgstall bei Letzlingen, das sie in hoch=
herziger Opferwilligkeit im Jahre 1562 gegen Schönhausen ver=
tauschten, als der damalige Kurprinz von Brandenburg, der nach=
malige Kurfürst Johann Georg, Burgstall zur Erweiterung der Jagdgründe von Letzlingen zu erwerben wünschte. In Schönhausen ist Otto von Bismarck am 1. April 1815 als der zweite am Leben gebliebene Sohn des ehemaligen Rittmeisters Ferdinand von Bismarck geboren. Seine Mutter Luise Wilhelmine war die Tochter des geheimen Kabinettsrats Mencken aus Berlin, eine kluge, hochgebildete Frau, die wohl einen besonders günstigen Ein=
fluß auf die geistige Entwickelung ihres Sohnes ausgeübt hat. Von fünf Kindern, die dieser Ehe entsprossen sind, sind nur drei den Eltern erhalten geblieben, außer unserem Otto ein älterer Sohn Bernhard, nachmals Landrat des Kreises Naugard, und eine um zwölf Jahre jüngere Tochter Malwine.

Nicht lange sollte Schönhausen und die Altmark des kleinen Otto Heimat bleiben. Schon ein Jahr nach seiner Geburt siedelten die Eltern von Schönhausen nach Kniephof, einem ihnen durch Erbschaft zugefallenen, im Kreise Naugard in Pommern ge=
legenen Gute über. Gewiß hat auch darin die Hand der göttlichen Vorsehung gewaltet, daß die Eigenart des altmärkischen mit der des pommerschen Volksstammes in Otto von Bismarcks Wesen sich ver=
binden sollte. Wir übergehen hier die spärlichen Nachrichten aus den ersten Jahren seiner Kindheit, die kleinen an sich geringfügigen und doch für die spätere Entwickelung des Knaben schon bedeutsamen Züge, aus denen bereits der frohsinnige Mut, die tapfere Unerschrocken=
heit, das kindliche Gottvertrauen hervorleuchtet, die die Welt an dem späteren Manne zu bewundern reichlich Gelegenheit gehabt hat.

Leider wurde der muntere aufgeweckte Knabe dem zwanglosen Leben auf dem väterlichen Gute, wo er sich in ungebundener Frei=
heit umhertummeln konnte, schon früh entrückt. Die Eltern, die ihren Aufenthalt zwischen Kniephof, Schönhausen und Berlin häufig wechselten, hielten es für ratsam, ihren Otto schon mit sechs Jahren

— 2 —

in eine regelmäßige und strenge Schulzucht zu bringen, und beschlossen
daher, ihn der Plamannschen Erziehungsanstalt in Berlin zu über=
geben, die sich eines besonders guten Rufes erfreute.

Nach Vollendung seines zwölften Jahres verließ Otto diese
Anstalt, um das Friedrich=Wilhelms=Gymnasium in Berlin zu be=
suchen, das er dann später mit dem Berliner Gymnasium „zum

Bismarcks Vater.

grauen Kloster" vertauschte. Von seinen Lehrern hat der nachmals
als Schulmann berühmt gewordene Dr. Bonnell den nachhaltigsten
Einfluß auf ihn ausgeübt. Er trat zu ihm dadurch in ein noch
näheres persönliches Verhältnis, daß er gegen Ende seiner Schul=
zeit zu Ostern 1831 als Pensionär in dessen Haus aufgenommen
wurde. Noch in seinem hohen Alter erinnerte sich Dr. Bonnell mit
freudigem Stolze des liebenswürdigen, allzeit fröhlichen Hausgenossen.

Der junge Otto hatte bereits die Prima des Gymnasiums er=
reicht, als er am 31. März 1830 von dem berühmten Theologen
D. Schleiermacher in der Dreifaltigkeitskirche zu Berlin konfirmiert
wurde. Der vorangegangene Religionsunterricht ist für seine gesamte
geistige Entwickelung bedeutungsvoll gewesen. Schon im Vaterhause
war in seinem Herzen der Grund zu einer aufrichtigen Frömmig=

Bismarcks Mutter.

keit gelegt worden und die Unterweisung des innig frommen und
dabei weitherzigen Lehrers und Seelsorgers fiel bei ihm auf einen
fruchtbaren Boden. Bei allem Ernst und Lerneifer blieb aber Otto
von Bismarck doch allezeit auch zu allerhand jugendlichen Streichen
geneigt, und namentlich die Ferien, die er regelmäßig auf dem
väterlichen Gute Kniephof oder in Schönhausen verbrachte, waren
ihm jedesmal eine willkommene Gelegenheit sich frei vom Schul=

1*

zwange auszutoben. Reiten und Jagen war dann seine Lust. Schon damals verband ihn eine innige Jugendfreundschaft mit dem unweit von Kniephof in Zimmerhausen wohnenden Moritz von Blankenburg, dem späteren Führer der konservativen Partei. Zu mancher Pürschjagd vereinigten sich die jugendfrohen Genossen. Auch mit dem nachmaligen Kriegsminister von Roon, dem treuen Mitkämpfer in Krieg und Frieden, hat Otto von Bismarck schon in seinen Jugendjahren eine später treu bewährte Freundschaft geschlossen, denn Albrecht von Roon war in dem durch verwandt= schaftliche Beziehungen ihm nahe stehenden Blankenburgschen Hause ein jederzeit gern gesehner Gast.

Schönhausen.

So kam unter dem Wechsel zwischen regelmäßiger Schularbeit und ungezwungener Erholung auf dem väterlichen Gute die Zeit heran, da Otto von Bismarck den Schulstaub ganz von seinen Füßen schütteln und in die goldene Freiheit des Studentenlebens hinausziehen durfte. Er hatte das siebzehnte Lebensjahr noch nicht ganz vollendet, als er im Frühjahr 1832 nach wohlbestandenem Abi= turientenexamen das Gymnasium mit dem Zeugnis der Reife ver= lassen konnte.

Es handelte sich nun um die Frage, welche Universität er be= suchen sollte. Nach langer Überlegung wurde im Familienrate zu Kniephof beschlossen, daß er seine akademischen Studien auf der Universität Göttingen beginnen sollte. Er selbst wäre am liebsten nach Heidelberg gegangen. Aber seine Mutter, die schon in seinen frühesten Knabenjahren das Ziel ins Auge faßte, ihn dereinst zu einem tüchtigen Staatsmann zu machen, fürchtete von dem flotten Studentenleben, das in Heidelberg herrschen sollte, einen nachteiligen Einfluß. Namentlich war ihr das „Biertrinken und Tabakrauchen" aufs äußerste verhaßt. Auf den Rat eines mit dem Leben auf den verschiedenen' Universitäten vertrauten Verwandten wurde schließlich Göttingen gewählt.

Bismarcks Studentenwohnung in Göttingen.

Der junge Bruder Studio genoß mit vollen Zügen die akademische Freiheit. In dem Korps der Hannoveraner, dem er sich anschloß, wurde er bald einer der berühmtesten und geachtetsten Schläger. Bei den mancherlei kecken und wilden Streichen, die er auf der Universität ausgeführt hat, konnte es nicht ausbleiben, daß er es auch gelegentlich mit dem Universitätsgericht zu thun bekam. Die drei Semester, die Bismarck in Göttingen zubrachte, waren schnell verflogen. Um das in Göttingen Versäumte nachzuholen, ging er von da nach Berlin mit dem redlichen Vorsatz zu ernster Arbeit. Anfangs wollte sie ihm nach dem lustigen Treiben in Göttingen nicht recht schmecken. Aber als der Termin der ersten juristischen Prüfung näher rückte, mußte er sich unter Leitung eines ge-

Zitation vor den Universitätsrichter.

schickten Privatdozenten durch monatelangen angestrengten Fleiß die erforderlichen Kenntnisse schnell anzueignen, und nach wohlbestandener Prüfung wurde er im Frühjahr 1835 zum Auskultator ernannt.

Die ersten Stufen im Staatsdienste.

Die goldene Zeit des Studentenlebens war vorüber und der Ernst des Lebens begann an Otto von Bismarck heranzutreten. Von Ostern 1835—36 finden wir ihn als Auskultator am Berliner Stadtgericht beschäftigt. Es wird aus seiner dortigen Thätigkeit eine Anekdote erzählt, die von der ihm schon damals eigenen Schlagfertigkeit Zeugnis giebt. Vor dem Protokollführer steht eines Tages

Bismarck als Auskultator.

ein echter Berliner, der seiner Zunge in unehrerbietigen Ausdrücken die Zügel schießen läßt und auch vor Schimpfreden auf Obrigkeit und Polizei sich nicht scheut. Unwillig über dies Betragen springt Bismarck auf und ruft dem ihm zum Verhöre zugeführten Manne zu: „Herr, mäßigen Sie sich oder ich werfe Sie hinaus!" Der ihm gegenübersitzende Stadtgerichtsrat, unter dessen Aufsicht der junge Auskultator arbeitete, will sich ins Mittel legen und bedeutet ihm besänftigend: „Herr Auskultator, das Hinauswerfen ist meine Sache." Das Verhör nimmt seinen Fortgang, als aber der Berliner in seinem unverschämten Tone zu schimpfen fortführt, da springt Bismarck abermals auf und donnert ihn an: „Herr, mäßigen Sie sich oder ich lasse Sie durch den Herrn Stadtgerichtsrat hinauswerfen." Je weniger Bismarck der langweiligen und trockenen Protokollführung auf dem Gericht Geschmack abgewinnen konnte, umsomehr suchte er sich durch den geselligen Verkehr in ihm befreundeten Familien zu entschädigen. Auch zu den Hofgesellschaften stand dem nun im Staatsdienst angestellten jungen Edelmann der Zutritt frei und auf den Wunsch seiner Mutter, die das Ziel der staatsmännischen und diplomatischen Laufbahn noch immer fest im Auge behielt, machte er von diesem Rechte Gebrauch. Gehörte es doch zur Vorbereitung für diesen Beruf, daß er auch auf dem glatten Boden der höchsten Gesellschaftskreise sich frei und sicher bewegen lernte. Bei einem dieser Hoffeste bot sich ihm die Gelegenheit zum ersten Male dem Prinzen Wilhelm, dem nachmaligen

— 7 —

Prinzen von Preußen und späteren König vorgestellt zu werden. Gleichzeitig mit dem lang aufgeschossenen Auskultator von Bismarck wurde ein dem letzteren an Leibeslänge nicht nachstehender Auskultator von Schenk dem Prinzen vorgestellt. Mit sichtlichem Wohlgefallen ließ der Prinz sein Auge auf den beiden eblen Jünglingsgestalten ruhen, indem er scherzend sagte: „Nun die Justiz scheint sich ihre jungen Rekruten jetzt nach dem Gardemaß auszusuchen." In wie ganz anderem Sinne noch der junge Auskultator von Bismarck dereinst ein großer Mann werden und in wie nahe Beziehungen er zu ihm selbst treten sollte, vermochte damals noch keiner von beiden zu ahnen.

Den Justizdienst hatte Otto von Bismarck von Anfang an nur als die notwendige Vorstufe für seine spätere staatsmännische Laufbahn angesehen. Schon im Jahre 1836 trat er, nachdem er die Referendars-Prüfung bestanden hatte, zur Verwaltung über und wurde als Referendar der Regierung zu Aachen und ein Jahr später der zu Potsdam überwiesen.

Hier trat er im Herbst 1838 als Einjährig-Freiwilliger beim Garde-Jäger Bataillon ein, um seiner Militärpflicht zu genügen. Doch nur die erste Hälfte des einjährigen Dienstes hat er in Potsdam zugebracht. Tiefgreifende Veränderungen, die in seinem Vaterhause sich vorbereiteten, veranlaßten ihn, um seine Versetzung aus dem Garde-Jäger-Bataillon in das in Greifswald stehende 2. Jäger-Bataillon nachzusuchen. Er war dort seiner Heimat näher und hatte zugleich Gelegenheit, sich auf der mit der Universität Greifswald verbundenen landwirtschaftlichen Akademie zu Eldena für die Bewirtschaftung des väterlichen Gutes vorzubereiten, die ihm in der

Bismarck als Einjähriger.

nächsten Zeit übertragen werden sollte. Der Vater sehnte sich darnach, die pommerschen Güter, die durch mancherlei verfehlte Unternehmungen und durch den Aufwand, welchen der wiederholte Aufenthalt der Eltern in Berlin erfordert hatte, nicht unerheblich verschuldet waren, seinen Söhnen zu übergeben. Der Hauptanlaß zu diesem Entschlusse lag wohl in der Kränklichkeit seiner Gattin. Vergeblich suchte Frau von Bismarck, nachdem sich der Gebrauch vieler Badekuren als erfolglos erwiesen hatte, in der Behandlung eines berühmten Berliner Arztes Genesung. Sie sollte sie nicht mehr finden.

Am 1. Januar 1839 erlag sie zu Berlin ihren langjährigen Leiden. Otto von Bismarck hat in ihr die treueste Mutter verloren. Sie war eine Frau von hellem Verstand und klarem, scharfem Urteil, mit dem sie namentlich auch die politischen Fragen verständnisvoll und vorurteilsfrei zu erfassen wußte. Sie hat es nicht erleben dürfen, daß die großen Hoffnungen, die sie für die Zukunft ihres Sohnes in ihrem Herzen trug, in Erfüllung gegangen sind, viel größer und herrlicher, als sie es sich je hatte träumen lassen. Zunächst freilich nahm das Leben ihres Otto eine Wendung, die von dem Ziele, das ihr mütterlicher Stolz sich für ihn gesteckt hatte, weit abzuführen schien.

Der Gutsherr und Deichhauptmann.

Schon vor dem Tode seiner Gattin hatte Bismarcks Vater seine pommerschen Güter seinen beiden Söhnen Bernhard und Otto übergeben, während er selbst seinen Wohnsitz in Schönhausen nahm. Die Brüder bewirtschafteten die Güter anfangs gemeinschaftlich, teilten sie aber dann in der Weise unter sich, daß Bernhard, der ältere Bruder, das Gut Külz, Otto dagegen Kniephof und Jargelin übernahm. Der verschuldete und vielfach wirtschaftlich vernachlässigte Besitz nötigte den letzteren auf eine Fortsetzung seiner Beschäftigung bei der Regierung zu Potsdam vorläufig zu verzichten, um sich längere Zeit persönlich um die Wirtschaft zu kümmern. Wie immer in seinem Leben, so that er auch hier ganze Arbeit. Mit allen Kräften warf er sich auf die Landwirtschaft, überall persönlich eingreifend. Er führte allerhand Verbesserungen ein, sorgte für einen guten Viehstand, überwachte mit Sorgfalt die Rechnungsbücher, besichtigte die Felder und suchte die Gutsbesitzer der Nachbarschaft, welche als tüchtige Landwirte bekannt waren, auf, um von ihnen zu lernen. Mit unermüdlicher Thatkraft gelang es ihm, in verhältnismäßig kurzer Frist die verwahrlosten Güter wieder ertragsfähig zu machen, so daß er von seinen schweren Sorgen, mit denen er den Besitz angetreten hatte, wieder aufatmen konnte. Nun hieß es auch in Kniephof: „Tages Arbeit, abends Gäste." Es war Bismarcks liebste Erholung, fröhliche Freunde aus der Nachbarschaft um sich zu sehen und mit ihnen bei Becherklang ernste und heitere Gespräche zu führen. Bald wurde das Treiben auf Kniephof der Gegenstand der Gespräche in den Kaffeegesellschaften ehrsamer alter Jungfern; man raunte sich zu, Kniephof ist Kniephof geworden, und wußte allerhand Geschichten vom „tollen Bismarck" zu erzählen. Wenn aber keine Gäste da waren und in Kniephof stille Einsamkeit herrschte, dann saß Bismarck wohl bis tief in die Nacht über seinen Büchern und versenkte sich in ernste Betrachtungen oder bereicherte aus Geschichtswerken und großen Schriftstellern alter und neuer Zeit seine Kenntnisse auf allen Gebieten des Wissens.

Noch reger wurde der Verkehr auf Kniephof, als Bismarck im Jahre 1842 unter Versetzung zur Kavallerie zum Landwehr=Offizier befördert worden war. Als solcher hatte er beim 4. pommerschen Ulanen=Regiment, das damals in Greifenberg und Treptow in Garnison stand, eine mehrmonatliche Übung mitzumachen. Dadurch wurden zu den Offizieren der pommerschen Lanzenreiter nahe per= sönliche Beziehungen angeknüpft. So oft es der Dienst gestattete, sah Bismarck seine Kameraden in Kniephof und unternahm mit ihnen weite Ritte in die Umgegend.

Bei aller Schaffensfreudigkeit, die Bismarck in der Bewirt= schaftung seiner Güter bewährte, fand er doch in dem Landleben keine volle Befriedigung. Er fühlte selbst, daß er in seiner bis= herigen Lebensweise die ihm verliehenen Kräfte nicht vollauf aus= nutzen konnte, und dieses Gefühl des Unbefriedigtseins machte sich oft in melancholischen Stimmungen, die ihn überkamen, geltend. Auch durch mehrfache Reisen, die er unternahm, vermochte er seiner Mißstimmung nicht völlig Herr zu werden. Immer wieder rieten die näheren Freunde zur weiteren Ausbildung im Staatsdienst, für den sie ihn besonders befähigt hielten. Ihrem Rate folgend, trat Bismarck nochmals als Referendar bei der Regierung in Potsdam ein, wo er fleißig arbeitete.

Aber das viele Schreibwerk der Verwaltung und der Zwang des Bureaudienstes waren ihm lästig. Es bedurfte daher nur eines geringen Anlasses, um ihm das fernere Arbeiten an der Re= gierung vollends zu verleiden. Die Gattin seines Bruders Bern= hard, der inzwischen Landrat des Kreises Naugard geworden war, lag schwer krank darnieder und sein Bruder bat daher, daß Otto von Bismarck ihn eine Zeitlang in den landrätlichen Geschäften vertreten möge. Ohne Zaudern war dieser dazu erbötig und er begab sich zum Präsidenten, um sich Urlaub zu erbitten. Dieser ließ ihn längere Zeit im Nebenzimmer warten, während Bismarck durch die geöffnete Thür sich überzeugen konnte, daß der Herr Präsident ruhig an seinem Arbeitstische saß. Über diese rück= sichtslose Behandlung verstimmt, begann er sich im Neben= zimmer dadurch bemerkbar zu machen, daß er zuerst ganz leise, dann stärker und immer stärker den Dessauer Marsch mit den Fingern an die Fensterscheibe trommelte. Jetzt endlich erhob sich der Herr Präsident von seinem Sitze und trat in das Nebenzimmer, indem er in wenig verbindlichem Tone an den dort wartenden Bismarck die Frage richtete: „Was wünschen Sie?" „Ich war gekommen, um mir für einige Zeit Urlaub zu erbitten" erwiderte Bismarck kurz angebunden, „jetzt bitte ich um meinen Abschied." Damit verließ er das Zimmer des Vorgesetzten, um sich ihm für immer zu empfehlen. Die Verwirklichung der mütterlichen Träume von der staatsmännischen Laufbahn ihres Otto schien vorläufig in weite Ferne gerückt.

Bismarck kehrte zunächst auf sein pommersches Landgut zurück, vertrat den Bruder in der Verwaltung des Landratamtes und widmete sich daneben der Bewirtschaftung seiner ererbten Scholle. Im Herbst 1844 führte ihn ein frohes Familienfest in das Haus des einsamen Vaters zu Schönhausen. Seine einzige Schwester Malwine feierte am 30. Oktober 1844 ihre Vermählung mit seinem treuen Jugendfreunde, dem Landrat Oskar von Arnim-Kröchelndorf. Mit dieser Schwester, die zwölf Jahre jünger als er selbst ist, die er vom kleinen Kinde zur Jungfrau hatte heranwachsen sehen, war er von jeher durch die innigste geschwisterliche Liebe verbunden. „Er war mit ihr wie mit einer Braut" sagen alte Leute in Schönhausen noch heute, ein Vergleich der auch durch die inzwischen veröffentlichten Briefe, die er mit ihr gewechselt hat, bestätigt wird. Scherzhaft nennt er sie bald „mein Engel", bald „meine Angebetete" oder „mein sehr geliebtes" oder auch wohl „liebe Kleine", „teuerste Kreusa." Bei aller Freundschaft, die ihn mit seinem nunmehrigen Schwager schon längst verband, sah er die geliebte Schwester mit schmerzlicher Wehmut aus dem Vaterhause scheiden.

Nach der Hochzeit der Schwester blieb er noch einige Zeit bei dem nun ganz vereinsamten Vater, um dann wieder nach seinem ebenso einsamen Kniephof zurückzukehren. Es waren die letzten Wochen, die er mit dem Vater zusammen verleben durfte. Im November 1845 wurde er an das Sterbelager des Vaters gerufen, dem er nur noch die Augen zudrücken konnte, als er am 22. November des genannten Jahres zum ewigen Frieden einging. Mit dem Tode des Vaters wurde Otto von Bismarck Besitzer von Schönhausen, wohin er im Juni 1846 von Kniephof übersiedelte, um aus einem pommerschen Edelmann nun wieder ein märkischer zu werden. Von jetzt an nannte er sich von Bismarck-Schönhausen. Den Einzug in den väterlichen Stammsitz feierte Bismarck durch ein ländliches Fest, das er den Schönhauser Gutsinsassen gab, und dessen sich mancher von den Alten in Schönhausen heute noch gern erinnert. Trotz aller teuern Erinnerungen, die ihn in dem neuen Wohnsitz umgaben, konnte sich aber Bismarck in ihnen nicht eher recht heimisch fühlen, als bis er die rechte Gutsherrin für das Haus seiner Väter gefunden hatte. Doch nicht lange sollte diese von ihm selbst am tiefsten empfundene Lücke unausgefüllt bleiben. In demselben Jahre, in dem seine geliebte Schwester Malwine freite, hatte er der Hochzeit seines liebsten Jugendfreundes Moritz von Blanckenburg mit der Tochter des Rittergutsbesitzers von Thadden in Triglaff beigewohnt. Hier hatte er das pommersche Edelfräulein Johanna von Puttkamer kennen gelernt, die einzige am 11. April 1824 geborene Tochter des hinterpommerschen Gutsbesitzers Heinrich von Puttkamer. Schon bei der ersten Begegnung hatte diese in ihrer einfachen, anmutigen Erscheinung einen tiefen, unauslöschlichen Eindruck auf ihn gemacht und er hatte seitdem wiederholt die Gelegenheit gesucht, mit ihr zusammenzutreffen. Sein Herz sagte ihm, daß er in ihr die rechte Gefährtin finden würde. Aber manche Schwierigkeiten schienen einer Verbindung mit Fräulein von Putt-kamer im Wege zu stehen. In dem Puttkamerschen Hause zu Reinfeld herrschte ein besonders frommer, allem weltlichen Wesen abgeneigter Geist, zu dem die ungezwungene Art des „tollen" Bismarck nicht recht zu passen schien. Als Otto von Bismarck diesen Bedenken zum Trotz bei dem Vater brieflich um die Hand der Tochter anhielt, da wars dem frommen, ernsten Vater, wie er selbst bekannt hat, bei dem Gedanken, seine Tochter dem tollen Bismarck geben zu sollen, zuerst zu Mute, als wenn er mit der Axt vor den Kopf geschlagen würde, und noch schwerer wurde es der Mutter, die Bedenken gegen diese Verbindung zu überwinden. Sie vergoß zuerst reichlich Thränen darüber. Aber die aufrichtige Herzensneigung der Tochter überwand schließlich alle Bedenken, und die Folge hat gelehrt, daß sie thatsächlich unbegründet waren. Bismarck erschien selbst in Reinfeld, um sich das Jawort der erlesenen Braut zu holen, zu dem die Eltern in Gottes Namen ihre Einwilligung gaben. „All right" (alles in Ordnung) meldete der glückliche Freier an seine Schwester Malwine, als er die Ein-willigung der Eltern glücklich erlangt hatte. Und „all right" in anderem Sinne dürfen er und seine Gattin sich jetzt sagen, wo sie der goldenen Hochzeit entgegengehen. Am 28. Juli 1847 fand in Reinfeld die Trauung des glücklichen Paares statt und nach einer schönen Hochzeitsreise über Dresden, Prag, Wien, Salzburg bis nach Italien führte Bismarck seine junge Gattin in das Haus seiner Väter ein. „Wem ein tugendsam Weib beschert ist, die ist viel edler denn die köstlichsten Perlen. Ihres Mannes Herz darf sich auf sie verlassen", dieses Wort ist hier in vollen Sinne wahr geworden. Mit echter Frauenhand hat sie ihrem Gemahl ein Heim voll Behagen und wohlthuender Wärme geschaffen; ver-ständnisvoll hat sie seine Sorgen und Hoffnungen geteilt, auch die politischen, wie sehr sie auch mit feinem Takt der unmittel-baren Einmischung in politische Fragen und staatliche Angelegen-heiten sich zu enthalten gewußt hat. Bismarck selbst aber hat von ihr einem vertrauten Freunde bekennen dürfen: „Sie ahnen nicht, was diese Frau aus mir gemacht hat." Es wurde der jungen Gutsherrin nicht schwer, durch ihre natürliche Freund-lichkeit und Leutseligkeit in Schönhausen bald aller Herzen zu ge-winnen, und durch die Tüchtigkeit, die sie als Hausfrau bewährte, sich die allgemeine Achtung aller Gutsinsassen zu erwerben. Gleich hier sei bemerkt, daß die Ehe Bismarcks mit drei Kindern gesegnet worden ist, von denen das älteste, die einzige Tochter am 21. August 1848 zu Schönhausen das Licht der Welt erblickt hat. Ihr folgten zwei Söhne, Herbert, der am 28. Dezember 1849 zu Berlin und Wilhelm, der am 1. August 1852 zu Frankfurt a. M. geboren wurde.

Mit seiner Übersiedelung nach Schönhausen hatte Bismarck zugleich das von seinem Vater verwaltete Amt des Deichhauptmanns für die Uferstrecke der Elbe von Jerichow bis Sandau übernommen. Auch wurde er durch das Vertrauen der Ritterschaft des Kreises Jerichow zu deren Vertreter im sächsischen Provinzial-Landtag gewählt. Es sollte dies der erste Schritt zu seinem Eintritt in das politische Leben des Vaterlandes werden.

Fürstin Bismarck.

Bismarck im Vereinigten Landtage und in der Zeit der Revolution.

Mit dem Regierungsantritt König Friedrich Wilhelms IV. war für Preußen eine neue Zeit angebrochen. Die in weiten Kreisen des Volkes längst gehegten und oft laut ausgesprochenen Hoffnungen

auf die Verleihung einer Verfassung, durch die dem Volke ein An=
teil an der Gesetzgebung und Regierung des Landes gegeben werden
sollte, schienen ihrer Verwirklichung näher gekommen zu sein. Auch
für die längst ersehnte Einigung der deutschen Nation knüpften sich
an den Regierungsantritt dieses Königs große Erwartungen. Es
unterlag keinem Zweifel, daß König Friedrich Wilhelm IV. von
den edelsten Absichten für Preußens und Deutschlands heilsame
Entwickelung erfüllt war. Aber so schnell und in der Weise, wie
viele gehofft hatten, sollten sich diese Erwartungen nicht erfüllen.
König Friedrich Wilhelm IV. war nicht gewillt, seinem Lande eine
Verfassung nach liberalem Muster zu geben. Seine Gedanken
waren viel mehr nur auf die weitere Ausbildung der bereits vor=
handenen Provinzialstände gerichtet, die zu allgemeinen Reichsständen
erweitert werden sollten. Von diesem Gedanken geleitet, erließ er
am 3. Februar 1847 ein Königliches Patent, durch welches aus
sämtlichen Provinzialständen der Monarchie ein vereinigter Landtag
gebildet wurde, der am 11. April des genannten Jahres zum ersten=
mal in Berlin zusammentrat und im Weißen Saal des Königlichen
Schlosses nach voraufgegangenem Gottesdienste durch eine feierliche
Ansprache des Königs eröffnet wurde.

Statt des freudigen Dankes, den König Friedrich Wilhelm IV
für die verliehene Verfassung zu ernten gehofft hatte, gab sich in
allen Provinzen ein tiefes Mißvergnügen über die geringfügigen
Rechte kund, die dem Landtage zugestanden werden sollten. Schon
in den ersten Verhandlungen des vereinigten Landtages wurde
dieser Verstimmung von den Vertretern der liberalen Partei der
lauteste Ausdruck gegeben. Bismarck war von der Ritterschaft des
sächsischen Provinziallandtages in den vereinigten Landtag ent=
sendet worden. Gegenüber den auf eine Erweiterung der Rechte
des Landtages gerichteten Bestrebungen hielt er sich als altmärkischer
Edelmann vor allem für verpflichtet, für das ungeschmälerte Recht
des preußischen Königtums mit aller Entschiedenheit einzutreten.
Dabei erfüllte ihn ein tiefer Widerwille gegen die hochtrabenden
und hohlen Phrasen von Volksfreiheit und Volksrechten, die damals
an der Tagesordnung waren.

Als in dem vereinigten Landtage der Antrag gestellt wurde,
an den König eine Petition zu richten, durch welche die regelmäßige all=
jährliche Einberufung des vereinigten Landtages erstrebt werden sollte,
da war es vor allem Bismarck, der vor einem unzeitigen Drängen
warnte, das nur den Eindruck machen könnte, als ob der König
durch einen auf ihn ausgeübten Druck zu unfreiwilligen Zugeständ=
nissen genötigt werden sollte, da sprach er denen gegenüber, die
immer auf England verwiesen, die goldenen Worte: „die preußischen
Monarchen sind nicht von des Volkes, sondern von Gottes Gnaden
im Besitze einer faktisch unbeschränkten Krone, von deren Rechten
sie freiwillig einen Teil dem Volke verliehen haben, ein Beispiel,
welches in der Geschichte selten ist." Wie für die Rechte des

preußischen Königtums, so ist Bismarck auch schon auf dem vereinigten Landtage tapfer für das Christentum und den christlichen Charakter des Staates eingetreten. Es geschah dies namentlich bei Gelegenheit der Verhandlungen über einen Antrag, der die Gleichberechtigung der Juden und deren Zulassung zu allen Staatsämtern bezweckte. Er war nicht gewillt, den Juden das Recht einzuräumen, in einem christlichen Staate ein obrigkeitliches Amt zu bekleiden.

Mit dem ihm eigenen Freimut und mit einer Offenheit, die damals allgemeines Staunen erregte, scheute sich Bismarck nicht, sich zu Anschauungen zu bekennen, welche von einzelnen Rednern der Versammlung als finster und mittelalterlich bezeichnet worden waren. Er machte keinen Hehl daraus, daß er noch an manchen Vorurteilen festhalte, die er mit der Muttermilch eingesogen habe. Diese und ähnliche Äußerungen sind von den Gegnern dann bis zum Überdruß ausgebeutet worden. Aber Bismarck wußte sich mit dem ihm reichlich zu Gebote stehenden guten Humor darüber hinwegzusetzen. So erwiderte er auf die Rede eines Abgeordneten, der auch wieder einmal auf jene Äußerungen anspielte: „Der Abgeordnete K. ist gegen mich in die Schranken geritten auf einem Pferde, vorn finsteres Mittelalter, hinten Muttermilch."

Aus dem Verlaufe, den die Verhandlungen des vereinigten Landtages genommen, hatte Bismarck die Überzeugung gewonnen, daß Preußen schweren Kämpfen entgegenging, und mit dem bangen Vorgefühl drohender Gefahren war er nach Schönhausen zurückgekehrt. Auch mitten in dem sonnigen Glück seiner jungen Ehe täuschte er sich nicht über die Wetterwolken, die Unheil drohend am Himmel standen. Und als im Jahre 1848 die ersten Nachrichten von der Pariser Februarrevolution eintrafen, da war es ihm keinen Augenblick zweifelhaft, daß die Wogen der Revolution auch unser Vaterland überfluten würden. Noch einmal wurde der vereinigte Landtag um den Thron versammelt, aber nur um seine Rechte auf die Nationalversammlung zu übertragen, die zur Vereinbarung einer konstitutionellen Verfassung einberufen werden sollte. Bismarck war einer von den wenigen, die sich weigerten für eine Adresse zu stimmen, die der Freude über die Errungenschaften der Revolution Ausdruck geben sollte; das vermochte er nicht über sich zu gewinnen, unbekümmert darum, ob er deswegen als ein Vertreter des Rückschritts und als ein Feind jeder freien Verfassung verschrieen wurde.

Der im Mai 1848 zusammentretenden Nationalversammlung gehörte Bismarck nicht an, er hatte auch keine Neigung gehabt, sich um ein Mandat für dieselbe zu bewerben. Um so größer war die Rührigkeit, die er zur Bekämpfung der Revolution und zur Sammlung der königstreuen Gesinnungsgenossen im Stillen entfaltete. Er besprach sich mit den Getreuen im Lande; er sammelte die Bessergesinnten für patriotische Vereine, mit der Losung: „Mit Gott für König und Vaterland!" er beteiligte sich an der Begründung

wohlgesinnter Zeitungen und wurde einer der hervorragendsten
Führer der neubegründeten konservativen Partei. Als solcher that
er sich in der zweiten Kammer des Landtages hervor, der im Jahre
1849 nach Auflösung der Nationalversammlung und Niederwerfung
der Revolution auf Grund der vom König in freier Machtvoll=
kommenheit erlassenen Verfassung gewählt wurde. Er war in ihr
Vertreter des Kreises West=Havelland. Mit unerschrockenem Mute
ist er hier für die Rechte der preußischen Krone und gegen die
auf die Herbeiführung einer parlamentarischen Regierung gerichteten
Bestrebungen in die Schranken getreten. Auch er wollte eine ver=
fassungsmäßige Regierung, bei welcher die Volksvertretung zur
Mitwirkung an der Gesetzgebung und an der Steuerbewilligung
berufen sein sollte. Aber er wollte die machtvolle preußische
Krone nicht zu einem nur äußeren Schmuck der Verfassung herab=
sinken lassen. Derselbe ausgeprägte monarchische Sinn nötigte
ihn auch gegen Annahme der Frankfurter Reichsverfassung zu
stimmen, durch die der zum Kaiser gewählte König von Preußen,
nur ein Schattenkaiser geworden wäre. Auch dem im März 1850
nach Erfurt einberufenen Unionsparlament hat Bismarck als Ab=
geordneter seines Westhavelländischen Wahlkreises angehört. Auch
hier vermochte sich Bismarck nicht mit dem Plane zu befreunden,
nach welchem einen Teil der deutschen Fürsten mit ihren Ländern
unter Preußen zu einer Union vereinigt werden sollte. Er sah in
diesem Plane die dem preußischen Staate gebührende Machtstellung
nicht hinreichend gewahrt. Aus den Reden, mit denen Bismarck
im Erfurter Parlament den Unionsplan bekämpfte, sei nur die
nachfolgende, zu einem geflügelten Worte gewordene Äußerung
hervorgehoben: „Wenn Sie dem preußischen, dem altpreußischen
Geiste — nennen Sie ihn stockpreußisch, wenn Sie wollen — nicht
mehr Zugeständnisse machen, als bis jetzt in dieser Verfassung
geschehen ist, dann glaube ich nicht an eine Verwirklichung der=
selben und wenn Sie sich bemühen, diese Verfassung diesem preußischen
Geiste aufzuzwängen, so werden Sie in ihm einen Bucephalus
finden, der den gewohnten Reiter und Herrn mit mutiger Freude
trägt, den unberufenen Sonntagsreiter aber mit samt seiner schwarz=
rot=goldenen Zäumung auf den Sand setzt.“ Der Unionsplan
scheiterte. Ein Krieg mit Österreich drohte Preußen. Preußen
mußte im Dezember 1850 den demütigenden Gang nach Olmütz
antreten. Es mußte auf seine Versuche, eine Einigung Deutschlands
ohne Oesterreich zu stande zu bringen, verzichten und in die
Wiederherstellung des im Jahre 1848 von den Stürmen der
Revolution hinweggefegten deutschen Bundestages willigen.

Bismarck als Bundestagsgesandter in Frankfurt a. M.

Der erste Vertreter Preußens auf dem wiederhergestellten
deutschen Bundestage war Generallentnant von Rochow. Aber

— 16 —

sehr bald richtete sich das Augenmerk des damaligen preußischen Ministerpräsidenten von Manteuffel auf Herrn Otto von Bismarck, der ihm der geeignetste Mann für diesen wichtigen Posten erschien. Sein Vorschlag fand bei dem König Friedrich Wilhelm IV die vollste Zustimmung, der es nicht vergessen hatte, daß B smarck in den Märztagen von 1848 ein ermutigendes Schreiben von tiefer Ergebenheit und aufrichtiger Treue an ihn gerichtet hatte. Durch sein tapferes Eintreten für die Ehre und Machtstellung der preußischen Krone hatte Bismarck das volle Vertrauen des Königs gewonnen. Auf die an ihn gerichtete Anfrage, ob er geneigt sei, den in Rede stehenden Posten anzunehmen, erklärte sich Bismarck nach ernstlicher Prüfung bereit, dem Befehle des Königs zu folgen, falls dessen Wahl auf ihn fallen sollte. Der König war über den raschen Entschluß selbst etwas verwundert, da Bismarck im diplomatischen Dienste bisher ohne alle Erfahrung war. Als er ihn

zu einer Audienz in Sanssouci empfing, hielt er es für nötig, ihn auf die Bedeutung und Schwierigkeit der Stellung aufmerksam zu machen, und seine Verwunderung über den Mut Bismarcks zur Annahme dieses Postens auszusprechen. Offen und ehrlich erwiderte dieser: „Und ich bewundere noch vielmehr den Mut Eurer Majestät, mich zu ernennen. Eure Majestät können es ja mit mir versuchen; geht es nicht, so ist es ja leicht, mich wieder nach Hause zu rufen."

So kam Bismarck im Mai 1851 zunächst als Legations-

Bismarck bei Friedrich Wilhelm IV.

rat nach Frankfurt a. M. Eifersüchtig hielt ihn Herr von Rochow von allen eigentlichen Geschäften fern. Um so mehr Muße hatte Bismarck, sich mit den Personen und Verhältnissen, mit denen er es in seiner künftigen Stelle zu thun haben würde, vertraut zu machen. Schon am 18. August 1851 wurde Bismarck zum Bundestagsgesandten ernannt. Der ihm von Berlin aus gegebenen Weisung gemäß, ließ er es sich aufrichtig angelegen sein, das einträchtige Zusammenwirken Österreichs und Preußens, wie es in der Zeit des alten Bundestages Jahrzehnte hindurch zum Segen beider Mächte bestanden hatte, von neuem eintreten zu lassen. Aber sehr bald gelangte er durch verdrießliche Erfahrungen zu der Überzeugung, daß jede Nachgiebigkeit nur dazu diente, die Anmaßung der österreichischen Politik zu steigern. Fürst Schwarzenberg, der damals an der Spitze der österreichischen Regierung stand, hatte es

unverhohlen als seinen Plan ausgesprochen, Preußen erst zu
demütigen und dann zu vernichten. Dazu sollte ihm der Bundestag
das Werkzeug werden. Österreich nahm jede Gelegenheit wahr, um
die Stimmen der deutschen Kleinstaaten gegen Preußen auszuspielen.
Bismarck war nicht der Mann, sich diese Demütigung Preußens
dauernd gefallen zu lassen. Er war der Überzeugung, daß die
Monarchie Friedrich des Großen zur Unterwerfung unter die Mehrheit des Bundestages in keiner Weise verpflichtet war, und daß
eine fortgesetzte Fügsamkeit den langsamen Niedergang Preußens
herbeiführen müsse. Anderseits war ihm klar, daß ein etwaiges
Alleinstehen des von ihm vertretenen Staates, wenn man nur mit
fester Entschlossenheit und ohne Schwanken verfuhr, keinerlei Gefahr haben konnte. Von dieser Überzeugung ließ er sich bei allen
zur Verhandlung kommenden Bundesangelegenheiten leiten. Dabei
sah er sich wiederholt in die Notwendigkeit versetzt, das Übergewicht,
das Österreich durch den ihm im Bundestage zustehenden Vorsitz an sich
schon besaß und welches es bei jedem Anlaß noch zu verstärken suchte,
nach Möglichkeit einzuschränken. Er duldete keine Übergriffe, die
sich der vorsitzende Kollege hin und wieder erlaubte. Dies geschah
namentlich unter dem Nachfolger Thuns, dem ränkevollen und unwahrhaften Herrn von Prokesch-Osten. Bismarck wußte der Will-
türlichkeit, mit welcher sich die den Vorsitz führende österreichische
Macht, Befugnisse, die ihr nicht zustanden, anmaßte, durch eine
gründliche Umgestaltung der Geschäftsordnung, die er anregte und
durchsetzte, abzuwehren. Selbst in Äußerlichkeiten hielt Bismarck
auf die Wahrung seiner
Stellung. Bezeichnend
dafür ist ein von ihm
selbst erzählter Vorgang.
Bismarck kam eines Tages
zu den österreichischen
Bundestagsgesandten
Graf Thun, den er rau-
chend bei der Arbeit antraf.
Der Graf bat ihn, einen
Augenblick zu verziehen.
Bismarck wartete eine
Weile, als es ihm aber
zu lange wurde und Graf
Thun keine Miene machte,
dem Gast eine Zigarre
anzubieten, nahm Bis-
marck selbst eine und er-
suchte den Grafen um

Exzellenz, darf ich um Feuer bitten?

Feuer, das er ihm mit etwas verdutztem Gesichte auch gab.
Schon in den Berichten, die Bismarck als Bundestagsgesandter
an seinen Vorgesetzten, den Minister der Auswärtigen Angelegen-

heiten Herrn von Manteuffel, erstattet hat, kommt wiederholt der
Gedanke zum Ausdruck, daß es das Ziel einer gesunden preußischen
Politik sein müsse, in den Beziehungen zu Deutschland sich von
Österreich loszumachen.

So schreibt er in wahrhaft prophetischem Tone: „Ich will
nur meine Überzeugung aussprechen, daß wir in nicht zu langer
Zeit für unsere Existenz gegen Österreich werden fechten müssen,
und daß es nicht in unserer Macht liegt, dem vorzubeugen, weil
der Gang der Dinge in Deutschland keinen andern Ausweg hat."

Nachdem im November 1858, infolge der Übernahme der
Regentschaft durch den Prinzen von Preußen ein Wechsel des
Ministeriums eingetreten war, näherte sich Bismarcks Wirksamkeit
am Bundestage ihrem Ende. Frankreich und Italien rüsteten zum
Kriege gegen Österreich und in Wien versuchte man Preußen zur
Heeresfolge in dem bevorstehenden Kampfe zu drängen. Nach
Bismarcks Rat durfte sich die von Oesterreich begehrte Hilfe nur
auf den Fall beschränken, daß die deutsche Bundesgrenze angegriffen
werden sollte. Jedes Entgegenkommen darüber hinaus, mußte nach
seiner Meinung von dem Benehmen Österreichs gegen Preußen
abhängig gemacht werden. Er konnte sich nicht für den Gedanken
erwärmen, daß Preußen dem Kaiserstaate die Last des Krieges
abnehmen solle, ohne irgend welche Verbesserung in Deutschland
zu erreichen. Am wenigsten aber vermochte er sich mit der
schwankenden Haltung zu befreunden, welche die preußische Regierung
dem drohenden Ausbruch eines französisch=österreichischen Krieges
gegenüber einnahm. Im März 1859 wurde er von Frankfurt
abgerufen und zum Gesandten in Petersburg ernannt. Gehorsam
folgte er diesem Befehle, wenn auch mit dem Gefühle, daß er „an
der Newa kalt gestellt werden sollte."

Bismarck als Gesandter in Petersburg und Paris.

Noch im März 1859 mitten unter den Unbilden des russischen
Winters trat Bismarck die damals noch sehr beschwerliche Reise
von Frankfurt nach Petersburg an. Sechs Tage brauchte er zur
Fahrt von Königsberg bis Petersburg, die damals noch größten=
teils zu Wagen zurückgelegt werden mußte. Als er am 1. April
1859 dem russischen Zar, Alexander II. sein Beglaubigungsschreiben
überreichte, stand, wie er selbst schreibt, die Newa noch fest wie
Granit. Von dem Kaiser Alexander wurde Bismarck aufs herz=
lichste empfangen und auch zu dem russischen Minister der Aus=
wärtigen Angelegenheiten, Fürst Gortschakoff, trat er sehr bald in
das freundlichste Einvernehmen. Auch an der Newa behielt Bismarck
die deutschen Verhältnisse und die Stellung, die nach seiner Über=
zeugung Preußen in Deutschland erringen mußte, wenn es die
durch seine Geschichte ihm vorgezeichnete Aufgabe erfüllen sollte,
fest im Auge. Preußen kam nicht dazu, für Österreich zu kämpfen,

obwohl der Prinzregent nach dem Ausbruch des Krieges die Mobil=
machung der ganzen preußischen Armee angeordnet hatte. Von
Eifersucht auf Preußen erfüllt, beeilte sich Österreich den Frieden
zu Villafranka abzuschließen; lieber verstand es sich dazu, die
Lombardei abzutreten als auf sein Übergewicht und auf die Vor=
herrschaft in Deutschland zu Gunsten Preußens zu verzichten.

Unmittelbar nach der Beendigung des italienischen Krieges und
der infolgedessen eingetretenen Zurückführung der preußischen Armee
auf die Friedensstärke, nahm der Prinzregent das von ihm längst
geplante große Werk der Heereserneuerung in Angriff, indem er
zugleich den Gedanken einer besseren und einheitlicheren Gestaltung
der Wehrverfassung auch ganz Deutschlands verfolgte, von deren
Notwendigkeit ihn die während der Mobilmachung gemachten Er=
fahrungen überzeugt hatten. Die Umgestaltung und Erweiterung
der preußischen Armee führte zu einem jahrelang währenden heftigen
Streite mit dem Landtage, der in kurzsichtiger Verblendung, die
dafür erforderlichen Mittel verweigerte. Die Umgestaltung der
Wehrverfassung Deutschlands und die in Vorschlag gebrachte Tei=
lung des Oberbefehls im Bundesheere stieß im Bundestag auf
Widerstand. In beiden Beziehungen wurde Bismarck vom König
Wilhelm, der inzwischen am 2. Januar 1861 den Thron bestiegen
hatte, zu Rate gezogen. Im Sommer 1861 hatte Bismarck über
diese Angelegenheiten in Baden=Baden eine lange Unterredung mit
dem Könige. Zugleich wurde ihm Gelegenheit gegeben, seine Ge=
danken über die von Preußen einzuschlagende Politik dem Könige
in einer eingehenden Denkschrift darzulegen. Unverhohlen sprach
sich Bismarck in ihr für die unabweisliche Notwendigkeit einer Be=
seitigung der jetzigen Bundesverfassung aus, durch welche Preußens
Macht lahm gelegt werde. Auch er hielt eine starke Armee für
Preußens Stellung und Aufgabe für unumgänglich notwendig, aber
die erweiterte und vermehrte Armee sollte nach seiner Überzeugung
vor allem das Werkzeug werden, um die deutsche Frage in einer der
Würde und Macht Preußens entsprechenden Weise zu lösen zu können.

Inzwischen war der Streit mit dem Landtage wegen der
Durchführung der Heeresreform immer heftiger entbrannt. Das
liberale Ministerium, das König Wilhelm beim Antritt der Regent=
schaft berufen hatte, zeigte sich dem Ernst der Lage nicht gewachsen.
Es nahm am 17. März 1862 seine Entlassung. Nur die Minister
Graf Bernsdorff, von der Heydt und der Kriegsminister von Roon,
den der König schon als Prinzregent zur Durchführung der Heeres=
reform in das Ministerium berufen hatte, behielten auch in dem
neugebildeten Ministerium ihr Amt. Schon damals wurde dem
Könige die Berufung Bismarcks an die Spitze des neugebildeten
Ministeriums nahe gelegt. Aber bevor es dazu kam, sollte Bismarck
erst noch auf einem anderen Posten wertvolle Erfahrungen sammeln.
Er wurde von Petersburg abberufen und am 23. Mai 1862 zum
Gesandten in Paris ernannt.

Wenig über drei Jahre hatte sein Aufenthalt in Petersburg gewährt; aber diese Zeit war ausreichend gewesen, um die freundschaftlichen Beziehungen Preußens zu dem großen östlichen Nachbar anzubahnen, die für unser Vaterland und für die preußische Politik bei den großen Unternehmungen der folgenden Jahre von so erheblichen Nutzen werden sollten. Aus der Zeit seines Petersburger Aufenthaltes sei hier noch nachträglich der Zusammenkunft der Herrscher von Rußland, Österreich und des Prinzregenten von Preußen gedacht, die im Spätherbst 1860 zu Warschau stattfand, und der Bismarck infolge einer Aufforderung des Prinzregenten beiwohnte.

Noch viel kürzere Zeit, als der Aufenthalt in Petersburg gewährt hatte, sollte Bismarck den Gesandtschaftsposten in Paris bekleiden. Wie der König durch Bismarcks Entsendung nach Paris diesem vor allem Gelegenheit geben wollte, sich über die Verhältnisse in Frankreich genau an Ort und Stelle zu unterrichten und die nähere Bekanntschaft des Kaisers Napoleon zu machen, so war es auch Bismarck selbst während der kurzen Dauer seines Aufenthaltes in Paris vor allem darum zu thun, in Erfahrung zu bringen, welche Haltung der damals noch mächtige Kaiser Napoleon III. für den Fall einnehmen würde, daß Preußen entscheidende Schritte thäte, um seine Macht und seinen Einfluß in Deutschland zu erweitern. Der Kaiser der Franzosen zeigte sich einer Verbesserung der preußischen Grenzen keineswegs abgeneigt; aber er that dies jedenfalls in der Hoffnung, daß dabei auch für Frankreich Vorteile abfallen würden, und daß es ihm namentlich durch Zugeständnisse an Preußen gelingen werde, seine begehrlichen Absichten auf Belgien und die Rheingrenze bei sich darbietender Gelegenheit mit preußischem Beistande durchzuführen.

In Paris selbst hat sich Bismarck, während er den dortigen Gesandtschaftsposten bekleidete, wenig aufgehalten. Die damalige Wohnung des preußischen Gesandten war ein sehr unbehaglicher Aufenthalt. Bismarck kam sich in ihr, wie er an seine Frau schreibt, vor „wie eine Ratte im wüsten Hause." Er unternahm daher noch einen Ausflug zur Industrie-Ausstellung nach London und begab sich dann auf eine längere Reise, um die milderen Lüfte des südlichen West-Frankreichs zu atmen. Hier verlebte er einen mehrwöchentlichen, Leib und Seele stärkenden Aufenthalt am Meeres= strande, währenddessen sich ihm in Biarritz Gelegenheit zu ein= gehenden und ungezwungenen Unterredungen mit dem dort weilenden Kaiser Napoleon darbot. Mit Behagen ließ er, Politik und Welt= händel vergessend, den Blick in das vor ihm ausgebreitet liegende Meer hinaus und zu den Pyrenäen hinüberschweifen als ihn plötz= lich eine Depesche aus Berlin zu den ernsten und schweren Auf= gaben rief, die dort seiner warteten.

Der Ministerpräsident.

Der Konflikt mit dem Abgeordnetenhause hatte sich im Ver= lauf der Sommermonate des Jahres 1862 immer mehr zugespitzt. Von neuem war der König genötigt gewesen, das Abgeordnetenhaus aufzulösen. Durch die Neuwahlen waren die Gegner der Regierung nur in verstärkter Zahl zurückgekehrt. Alle Versuche zu einer Verständigung scheiterten an dem Widerstand der Fortschrittspartei, die auch in dem neuen Abgeordnetenhause über die Mehrheit ver= fügte. Schon trug sich der König, dessen landesväterliches Herz unter diesen Widerstreit zwischen den verfassungsmäßigen Rechten des Landtages und seinen königlichen Pflichten unsäglich litt, mit dem Gedanken, die Regierung zu Gunsten seines Sohnes nieder= zulegen. Bei dieser Lage der Dinge galt es, eine feste Hand zu finden, die das Steuer des Staates durch die brandenden Wogen sicher hindurch zu leiten vermöchte. Durch die Berufung Bismarcks wurde sie gefunden. Gerade im entscheidenden Augenblicke, als die Krisis ihren Höhepunkt erreicht hatte, war Bismarck zur Stelle. Der schon längst innig mit ihm befreundete Kriegsminister von Roon hatte ihn veranlaßt, seine ohnehin beabsichtigte Reise nach Deutschland zu beschleunigen. Am 23. September 1862 hielt Roon dem Könige auf Befehl Vortrag über den verhängnis= vollen Beschluß des Abgeordnetenhauses, die gesamten Kosten für die Heeresreform zu streichen. Auf die Frage des Königs, was nun werden sollte, kam Roon auf den schon so oft erteilten Rat zurück: „Berufen Ew. Majestät Bismarck!" Als darauf der König erwiderte: „Er wird nicht wollen, wird es jetzt auch nicht über= nehmen, er ist auch nicht da, es kann mit ihm nichts besprochen werden," konnte ihm Roon antworten: „Er ist schon hier an Ort und Stelle und wartet nur auf Ew. Majestät Befehl." Die Folge war eine längere Unterredung des Königs mit Bismarck, nach welcher diesem vorläufig der Vorsitz im Staatsministerium über= tragen wurde.

In der öffentlichen Meinung galt Bismarck für die Ver= körperung des übermütigen Junkertums: „Bismarck ist der Staats= streich" so ging in den Reihen des Fortschritts die Rede von Mund

zu Mund. Man traute ihm die Absicht zu, die verfassungsmäßigen
Rechte des Volks mit Füßen zu treten. In der That aber lag
Bismarcks nichts ferner als der Gedanke an Staatsstreich und
Verletzung der Verfassung. Als er am 29. September zum erstenmale im Abgeordnetenhause erschien, schlug er einen durchaus versöhnlichen Ton an, indem er erklärte, daß die Regierung gern die
Hand dazu bieten werde, die entstandene Krisis mit Ehren zu beseitigen. Deutlich genug für jeden, der es verstehen wollte, sprach
er es aus, daß es sich bei der Heeresreform um Preußens Zukunft handele, indem er hinzufügte: „Preußen muß seine Kraft
zusammenfassen und zusammenhalten für den günstigen Augenblick,
der schon einigemale verpaßt ist. Preußens Grenzen, wie sie die
Wiener Verträge geschaffen haben, sind zu einem gesunden Staatskörper nicht günstig. Nicht durch Reden und Majoritätsbeschlüsse werden die großen Fragen der Zeit entschieden — das
ist der Fehler von 1848 und 1849 gewesen — sondern durch
Blut und Eisen.“ Aber die auf ihr Budgetrecht pochenden
Gegner zeigten sich solchen Erwägungen unzugänglich. Ihnen
war es mehr um eine Kraftprobe ihrer parlamentarischen Macht
als um die Zukunft des Vaterlandes zu thun. Das Abgeordnetenhaus verstand jene doch recht verständlichen Andeutungen über den
Zweck der Heeresverstärkung nicht, oder wollte sie aus Abneigung
und Mißtrauen gegen den ihm verdächtigen „Junker“ nicht verstehen. Eines Tages zog Bismarck während einer Rede, in welcher
einer der heftigsten Gegner über das verfassungswidrige Gebahren
der Regierung donnerte, einen Ölzweig aus seiner Brieftasche und
legte ihn vor sich auf dem Tische nieder, indem er dem ihm zunächst
sitzenden fortschrittlichen Abgeordneten zuflüsterte: „Ich habe ihn
in Avignon gepflückt, um ihn hier meinen früheren Gegnern als
Friedenszeichen zu bieten; aber ich sehe wohl, daß die Zeit dazu
noch nicht gekommen ist.“ Es sollten noch Jahre vergehen, bis sie
gekommen war. Der Landtag mußte am 13. Oktober geschlossen
werden, ohne daß eine Verständigung erreicht war. Vor dem
Schluß erklärte Bismarck, der inzwischen am 8. Oktober zum
Ministerpräsidenten und Minister der Auswärtigen Angelegenheiten
ernannt worden war, daß sich die Regierung, nachdem kein Staatshaushaltgesetz zu stande gekommen war, nunmehr in die Notwendigkeit versetzt sehe, den Staatshaushalt ohne die in der Verfassung vorausgesetzte Unterlage führen zu müssen. Doch sei sie
sich der Verantwortlichkeit in vollem Maße bewußt, die für sie
aus diesem beklagenswerten Zustande erwachse.

Auch nach Eröffnung des Landtages im Januar 1863 fuhr
Bismarck fort, seine Mäßigung zu bewahren und die Hand zur
Versöhnung zu bieten. Aber die Rechte der Krone, auf deren
Kosten die Mehrheit ihre parlamentarische Macht zu erweitern bestrebt
war, waren ihm unantastbar, und auf die Drohungen und Heraus-
forderungen seiner aufs höchste erbitterten und verbissenen Gegner,

— 23 —

die von einem „Ministerium von Seiltänzern," vom „Kainszeichen des Eidbruchs, das die Heereserneuerung an ihrer Stirn trage" und von anderen anmutigen Dingen der Art sprach, blieb er die Antwort nicht schuldig. „Was die Verfassung Ihnen an Rechten zubilligt, soll Ihnen unverkürzt werden, was Sie darüber hinaus verlangen, das werden wir ablehnen und Ihren Forderungen gegenüber die Rechte der Krone mit Ausdauer wahrnehmen" — so klang es immer wieder aus seinen machtvollen Reden heraus.

In diesem Kampfe für die Rechte des Königtums hat Bismarck in den folgenden Jahren der sogenannten Konfliktszeit mit unerschütterlicher Treue ausgehalten und allen gegen seine Person gerichteten Angriffe unerschrocken Trotz geboten.

Der schleswig-holsteinische Krieg.

Neben den Wirren im Inneren nahmen die auswärtigen Angelegenheiten die Zeit und Kraft Bismarcks vollauf in Anspruch. Als im Januar 1863 in Russisch-Polen ein großer Aufstand ausbrach, der der russischen Regierung um so größere Verlegenheit bereitete, je mehr sich Frankreich und England, sowie auch Österreich geneigt zeigte, denselben zu begünstigen, da nahm Bismarck in staatsmännischer Weisheit diese Gelegenheit wahr, sich Rußland durch den Abschluß eine Grenzkonvention zu verpflichten, durch welche dem östlichen Nachbar die Unterdrückung des Aufstandes wesentlich erleichtert wurde. Bismarck hat sich dadurch schon damals die wohlwollende Haltung Rußlands, für spätere Unternehmungen, die ihm vorschweben mochten, gesichert. — Gleichzeitig wurden mit Österreich Verhandlungen zur Herbeiführung einer Verständigung über eine Umgestaltung des deutschen Bundes gepflogen. Unverhohlen sprach es Bismarck gegen den Vertreter des Kaiserstaates in Berlin als seine Überzeugung aus, daß die Beziehungen Preußens zu Österreich entweder unvermeidlich entweder besser oder schlechter werden müßten, und daß Preußen bei dem geringen Entgegenkommen des österreichischen Kabinets genötigt sei, den Fall einer Verschlechterung dieses Verhältnisses vorzusehen. Er ließ ihm keinen Zweifel darüber, daß ein Bündnis Preußens mit einem Gegner Österreichs im gegebenen Falle keineswegs ausgeschlossen sein würde. Trotzdem fuhr Österreich fort, in Frankfurt am Bundestage Preußens Stellung von neuem zu gefährden, und immer neue Versuche zu machen, den Einfluß Preußens lahm zu legen. In dieser Richtung bewegten sich namentlich die Vorschläge zu einer Reform des Deutschen Bundes, mit dem Österreich im Sommer 1863 ganz unerwartet hervortrat, und mit denen König Wilhelm bei einem Besuche, den ihm der Kaiser Franz Joseph in Gastein machte, plötzlich überrascht wurde. Nach diesen Vorschlägen sollte schon in der allernächsten Zeit in Frankfurt a. M. ein Fürstenkongreß zusammentreten, um über die geplanten Reformen zu beraten.

Bismarck und mit ihm das gesamte preußische Staatsministerium
konnten dem König nur raten, seine Teilnahme an dem geplanten
Fürstenkongreß abzulehnen. Der König blieb denn auch dem am
16. August zu Frankfurt a. M. zusammentretenden Fürstenkongresse
fern, und auch ein persönlicher Besuch, den ihm König Johann von
Sachsen in Baden=Baden machte, um im Namen der versammelten
deutschen Fürsten die an ihn schriftlich ergangene Einladung noch=
mals mündlich zu wiederholen, vermochte nicht, ihn in diesem Ent=
schlusse wankend zu machen.

Durch diese die Teilnahme am Fürstenkongreß betreffenden
Verhandlungen war das Verhältnis zwischen Preußen und Österreich
nur ein gespannteres geworden. Dennoch gelang es Bismarck, in
der bald darauf brennend gewordenen schleswig=holsteinischen Frage
ein gemeinsames Vorgehen Preußens und Österreichs herbeizuführen.
Wiederholt hat Bismarck es selbst ausgesprochen, daß er alle Ur=
sache habe, auf die in dieser Frage erzielten Erfolge ganz besonders
stolz zu sein.

Der Krieg, welchen Preußen in den Jahren 1848/49 für die
Rechte der Herzogtümer Schleswig=Holstein und deren Zugehörig=
keit zu Deutschland geführt hatte, war mit der Preisgebung Schles=
wigs an Dänemark unrühmlich beschlossen worden. Durch das
Londoner Protokoll vom Jahre 1852, das neben den anderen Groß=
mächten auch Österreich und Preußen nicht aber der Deutsche Bund
mitunterzeichnet hatte, war die Thronfolge in Dänemark dahin ge=
regelt worden, daß Herzog Christian von Holstein=Sonderburg=
Glücksburg den dänischen Thron erben solle. Zugleich war aus=
bedungen worden, daß Schleswig dem dänischen Reiche niemals
einverleibt werden dürfe. Friedrich von Hessen und Herzog Christian
von Augustenburg hatten auf die von ihnen geltend gemachten
Erbansprüche ausdrücklich Verzicht geleistet. Am 13. November
1863 starb König Friedrich VII. von Dänemark. Sein Nachfolger,
der als Christian IX. den dänischen Thron bestieg, trat seine Re=
gierung damit an, daß er am 18. November einen Verfassungs=
entwurf unterzeichnete, durch welchen den Bestimmungen des
Londoner Protokolls zuwider Schleswig dem dänischen Königreiche
einverleibt wurde. Damit war zugleich die Trennung Schleswigs von
Holstein gegeben, deren ungeteilte Zusammengehörigkeit in dem
Londoner Protokoll ebenfalls verbrieft worden war. Unmittelbar
nach dem Tode König Friedrich VII. erneuerte Herzog Friedrich
von Augustenburg trotz der Verzichtleistung seines Vaters seine
Erbansprüche auf Schleswig=Holstein, und es entstand in ganz
Deutschland eine lebhafte Bewegung zu Gunsten des verlassenen
Bruderstammes und Friedrichs von Augustenburg. Der deutsche
Bundestag beschloß am 7. Dezember Holstein zu besetzen und am
28. Dezember marschierten 12 000 Sachsen und Hannoveraner in
Holstein ein. Österreich und Preußen stellten beim Bunde den
gemeinsamen Antrag, der Bund solle Dänemark auffordern, die

Verfassung, durch welche Schleswig in Dänemark einverleibt worden war, wieder aufzuheben und im Falle einer Weigerung, dieses Herzogtum als Pfand für die Erfüllung jenes Verlangens besetzen. Als der Bundestag diesen Antrag ablehnte und ohne weiteres für die Ansprüche des Herzogs Friedrich von Augustenburg auf Schleswig-Holstein einzutreten beschloß, erklärten Preußen und Österreich, daß sie nunmehr in ihrer Eigenschaft als Großmächte, die am Londoner Protokoll beteiligt waren, die Sache Schleswig-Holsteins selbständig in die Hand nehmen würden. Im preußischen Landtage stieß dieses Vorgehen der preußischen Regierung auf den lebhaftesten Widerstand. Auch hier wollte man ohne weiteres die Ansprüche des Augustenburgers auf Schleswig-Holstein unterstützen. Die von der Regierung für den Krieg gegen Dänemark geforderten Geldmittel wurden vom Abgeordnetenhause verweigert, worauf Bismarck rundweg erklärte: „In diesem Falle werden wir das Geld nehmen, wo wir es finden." Am 16. Januar 1864 richteten die verbündeten Mächte Preußen und Österreich an Dänemark die Aufforderung, die Novemberverfassung zurückzunehmen, und als diese Forderung zurückgewiesen wurde, erklärten sie gemeinsam an Dänemark den Krieg. Die Truppen der Verbündeten rückten in Holstein und bald darauf in Schleswig ein. Die Ereignisse auf dem Kriegsschauplatz nahmen einen raschen Verlauf. Der Räumung des Dannewerks folgte am 18. April nach längerer Belagerung die Erstürmung der Düppeler Schanzen. Ganz Schleswig und ein großer Teil Jütlands wurden in schnellem Siegeslaufe von den verbündeten österreichischen und preußischen Truppen besetzt. Auf Betreiben Englands trat in den Unternehmungen auf dem Kriegsschauplatz eine kurze Unterbrechung ein. Durch eine in London zusammentretende Ministerkonferenz der europäischen Mächte wurde für die Zeit vom 12. Mai bis 26. Juni ein Waffenstillstand vereinbart. Aber infolge der Hartnäckigkeit Dänemarks, das alle Vermittelungsvorschläge abwies, blieben die Verhandlungen der Konferenz ohne jedes Ergebnis. Die Kanonen kamen wieder zu ihrem Rechte. Nachdem die Insel Alsen unter Führung des Prinzen Friedrich Karl am 29. Juni 1864 erobert und ganz Jütland besetzt worden war, bat Dänemark um Frieden. Die Verhandlungen über denselben wurden zu Wien geführt und am 30. Oktober auf der Grundlage abgeschlossen, daß der König von Dänemark die Herzogtümer Schleswig, Holstein und Lauenburg an den König von Preußen und Kaiser von Österreich abtrat. Ein glänzender Erfolg war erzielt: Schleswig-Holstein war vom dänischen Joche befreit und dem deutschen Vaterlande zurückgegeben worden. In Anerkennung der Verdienste, die sich Bismarck durch die Erreichung dieses Zieles erworben hatte, wurde ihm der schwarze Adlerorden verliehen.

Während bis zum Abschluß des Wiener Friedens Österreich und Preußen in der schleswig-holsteinischen Frage Hand in Hand gegangen waren, begann nun sehr bald wieder der alte Gegensatz in verschärftem Maße sich geltend zu machen. Österreich unterstützte offen die Ansprüche des Herzogs Friedrich von Augustenburg. Bismarck glaubte aber die Anerkennung desselben nur unter der Bedingung zulassen zu dürfen, daß die Militärkraft der Herzogtümer, sowie das Post- und Telegraphenwesen unter preußische Oberhoheit gestellt und der Kieler Hafen an Preußen abgetreten würde. Preußen durfte nicht dulden, daß in Schleswig-Holstein ein neuer Mittelstaat geschaffen würde, der unter Umständen im Deutschen Bundestage seine Gegner verstärkte. Als die Mehrheit des Frankfurter Bundestages sich für die Einsetzung des Augustenburgers erklärte, legte Preußen gegen diesen von Österreich unterstützten Plan Widerspruch ein. Schon im Sommer 1865 schien daher der gemeinsame Besitz der Elbherzogtümer der Anlaß zu einem Kriege zwischen Preußen und Österreich werden zu sollen. Doch gelang es damals noch, denselben durch Verhandlungen vorzubeugen, die während des Aufenthaltes des König Wilhelms in Gastein zwischen Bismarck und Graf Blome, dem österreichischen Gesandten in München, gepflogen wurden. Am 14. August 1865 wurde zwischen Österreich und Preußen der Vertrag zu Gastein abgeschlossen, in welchem Preußen und Österreich unbeschadet der Rechte beider Großmächte auf die Elbherzogtümer, die Regierung derselben in der Weise unter sich teilten, daß Preußen in Schleswig, Österreich in Holstein die Regierung und Verwaltung übernahm. Lauenburg wurde gegen Zahlung von 2½ Millionen Thalern an Preußen abgetreten. Am 15. September, dem Tage der Besitzergreifung Lauenburgs durch Preußen wurde Bismarck in den erblichen Grafenstand erhoben. Nach den Anstrengungen, die mit allen den aufreibenden Verhandlungen vor dem Abschluß dieses Vertrages verbunden gewesen waren, bedurfte Bismarck der Erholung. Er suchte sie in Biarritz, wo er wiederum Gelegenheit hatte, mit Kaiser Napoleon zusammenzutreffen, und mit diesem in regem Gedankenaustausch die politische Lage zu besprechen, die nach seiner Überzeugung immer mehr zu einer Auseinandersetzung zwischen Österreich und Preußen drängte. Gewiß haben die damals zwischen Bismarck und dem Kaiser stattgehabten Unterredungen dazu beigetragen, daß Frankreich beim späteren Ausbruch des Krieges zwischen Österreich und Preußen Neutralität bewahrte.

Der Krieg gegen Österreich.

Graf Bismarck sah den Gasteiner Vertrag von Anfang an nur als einen Waffenstillstand an. Er war ihm, wie er schon am 14. August von Gastein aus seiner Gemahlin schrieb, nur eine „Verklebung der Risse im Bau". Immer offener unterstützte Österreich, ohne auf Preußen Rücksicht zu nehmen, die Umtriebe des Augustenburgers und seiner Partei. Alle Gegenvorstellungen Preußens gegen diese Begünstigung des Augustenburgers blieben erfolglos. Dabei ließen die Ansammlungen österreichischer Truppen an der preußischen Grenze keinen Zweifel darüber, daß Österreich selbst es auf den Krieg mit Preußen abgesehen hatte. In Voraussicht desselben leitete Graf Bismarck Unterhandlungen ein, durch welche Italien für den Fall des Krieges zum Bundesgenossen gewonnen wurde. Die Mehrheit des preußischen Abgeordnetenhauses, noch immer von Mißtrauen gegen Bismarcks Absichten erfüllt, war dem Kriege gegen Österreich durchaus abgeneigt. Auch nach den ruhmvollen Ereignissen von 1864 beharrte das Abeordnetenhaus auf der Ablehnung der Heeresreform und der Verweigerung der für sie erforderlichen Geldmittel. Ja es erklärte die zum Zweck der Kriegführung „geschehene Entnahme von Geldern aus dem Staatsschatze ohne gesetzliche Ermächtigung der Landesvertretung für verfassungswidrig." Die Verblendung des Abgeordnetenhauses ging sogar so weit, daß es die Vereinigung des Herzogtums Lauenburg mit der Krone Preußen für rechtsungiltig erklärte, so lange nicht die verfassungsmäßige Zustimmung beider Häuser erfolgt sei. Unglaubliches wurde in jenen Tagen, in denen der Krieg vor der Thür stand, in der Verunglimpfung Bismarcks geleistet. In den weitesten Kreisen des Volkes war die Stimmung gegen den Krieg, den man als einen Bruderkrieg bezeichnete. In hochtrabenden Erklärungen wurde gegen die Politik Bismarcks Verwahrung eingelegt und ihm mit dem Fluche der Nation gedroht. Solche Hetzereien blieben nicht ohne Frucht. Am 7. Mai machte ein junger Mann auf offener Straße einen Mordversuch auf den Grafen Bismarck; als dieser vom Vortrag beim König nach Hause zurückkehrend ruhig „Unter den Linden" ging. Aber sichtlich waltete Gottes Hand schützend über dem in diesem Augenblicke dem Vaterlande doppelt unentbehrlichen Mann. Von den in unmittelbarer Nähe unsicher abgefeuerten fünf Schüssen streifte nur leicht einer eine Rippe.

Der Thäter, ein Stiefsohn des demokratischen Flüchtlings Blind, entzog sich dem irdischen Gericht durch Selbstmord, den er noch in derselben Nacht mit einem Taschenmesser an sich vollzog. In einem Briefe an seinen Stiefvater hatte er den festen Entschluß angekündigt, den Grafen Bismarck zu töten, weil er der ärgste Feind der deutschen Freiheit wäre.

Auch dem Könige selbst gegenüber hatte Graf Bismarck während der Vorbereitungen zum Kriege einen schweren Stand. Es währte lange und kostete manchen heißen Kampf, bis er die Abneigung des Königs, der von Kindheit an gewöhnt war, auf die Verbrüderung zwischen Österreich und Preußen den größten Wert zu legen, gegen einen Krieg wider den Verbündeten aus den Tagen der Befreiungskriege überwunden, und ihn von der Notwendigkeit des Krieges überzeugt hatte.

Die gesamte preußische Armee war schon längst mobil gemacht

und hatte sich unter dem Oberbefehl des Kronprinzen, des Prinzen
Friedrich Karl und des General Herwarth von Bittenfeld in drei
Heeresabteilungen der österreichischen Grenze genähert, als der König
die Hoffnung auf eine friedliche Verständigung noch immer nicht
aufgeben wollte. Aber alle dahin gerichteten Versuche erwiesen
sich als vergeblich. Österreich brachte die Schleswig-Holsteinische
Sache an den Bundestag und stellte bei diesem den Antrag auf
die Mobilmachung des Bundesheeres gegen Preußen. Darin lag
schon eine thatsächliche Kriegserklärung. Mit der Annahme dieses
Antrages am 14. Juni 1866 war der Krieg gegen Österreich und
die zu ihm haltenden deutschen Bundesstaaten unvermeidlich geworden. Der glänzende und siegreiche Verlauf desselben ist in
aller Gedächtnis. Bismarck begleitete am 30. Juni den König auf

Schlacht bei Königgrätz.

den Kriegsschau-
platz und wohnte
an seiner Seite
der Entschei-
dungsschlacht
von Königgrätz
am 3. Juli bei.
Als der König
im Verlaufe der
Schlacht sich
mehr als nötig
dem feindlichen
Granatfeuer
aussetzte, hielt es
Graf Bismarck
für seine Pflicht,
an ihn mit den
Worten heran-
zureiten: „Als Major habe ich Ew. Majestät keinen Rat zu erteilen,
als Ministerpräsident bin ich aber verpflichtet, Ew. Majestät zu
bitten, Sich nicht auf diese Weise der Gefahr auszusetzen!“ Lächelnd
erwiderte der König: „Wo soll ich denn aber als Kriegsherr hinreiten, wenn meine Armee im Feuer steht?“ Aber er verließ doch,
wenn auch ungern, die gefährliche Stelle.

Kaum aber war auf den Schlachtfeldern die Arbeit mit den
Waffen gethan, als für Graf Bismarck die Arbeit erst recht anfing.
Kaiser Franz Joseph rief nach den schweren Niederlagen seiner
Heere die Vermittelung des Kaiser Napoleon an, und dieser war
nur allzu bereit, die Rolle des Schiedsrichters zu übernehmen.
Schon in der Nacht vom 4. zum 5. Juli lief im preußischen
Hauptquartier zu Horitz ein Telegramm Kaiser Napoleons ein, in
welchem er der Hoffnung Ausdruck gab, König Wilhelm werde nach
so großem Erfolge seine Bemühungen zur Herstellung des Friedens
gern annehmen, indem er zugleich einen Waffenstillstand vorschlug.

Das Anerbieten wurde nicht zurückgewiesen, aber der Austritt Österreichs aus dem Deutschen Bunde, die Errichtung eines neuen Bundesstaates mit nationaler Grundlage und eine Vergrößerung Preußens zum Zwecke der Verbindung der jetzt getrennten Teile der Monarchie zur Vorbedingung des Waffenstillstandes gemacht. Auf dieser Grundlage wurden im Einvernehmen mit Italien die Verhandlungen über eine fünftägige Waffenruhe geführt, während dessen im königlichen Hauptquartier zu Nikolsburg über die Herbeiführung des Friedens weitere Verhandlungen gepflogen wurden. Durch den hier am 26. Juli abgeschlossenen Präliminarfrieden wurde Deutschlands nationale Entwickelung unter Preußens Führung gesichert. Wenn jemals, so hat sich Bismarck in den zu Nikolsburg geführten Friedensverhandlungen als ein Meister ohne gleichen auf dem Gebiete der Staatskunst bewährt, vor allem durch die große Mäßigung, die er in den von Preußen gestellten Friedensbedingungen bewies. Es war ihm nicht um Demütigung des besiegten Gegners zu thun, sondern um einen dauernden Frieden und um Deutschlands Einigung zu erhöhter Macht.

Auch die süddeutschen Staaten, die an Österreichs Seite gegen Preußen gekämpft hatten, wurden in den mit ihnen abgeschlossenen Friedensverträgen aufs schonendste behandelt. Durch das mit ihnen abgeschlossene, vorläufig noch geheim gehaltene, Schutz- und Trutzbündnis wußte Bismarck dem neubegründeten Norddeutschen Bunde ihren Beistand für die Zukunft zu sichern. Dagegen hatte er es meisterhaft verstanden, die Rechnung Napoleons zu schanden zu machen, der bei dieser Gelegenheit gehofft hatte, durch seine Vermittelungsdienste eine Gebietserweiterung am Rhein für sich herauszuschlagen. Mit dem Frieden nach außen brachte Graf Bismarck auch den Frieden im Innern in das Vaterland zurück, als er mit seinem sieggekrönten Könige am 4. August von dem Kriegsschauplatz nach Berlin zurückkehrte. In der Thronrede, mit welcher König Wilhelm am 5. August den Landtag eröffnete, dessen Abgeordnetenhaus durch die inzwischen vollzogenen Neuwahlen ein ganz anderes geworden war, wurde auf den Rat Bismarcks die Vorlage eines Gesetzes angekündigt, durch welches der Landtag seine nachträgliche Genehmigung zu der in den letzten Jahren ohne Staatshaushaltsgesetz geführten Verwaltung erteilen sollte. Der Landtag bewilligte die nachgesuchte „Indemnität" und damit wurde der jahrelange Streit zwischen Regierung und Volksvertretung geschlichtet. — Als am 20. September 1866 die siegreichen Truppen in Berlin ihren Einzug hielten, ritt Graf Bismarck zwischen dem Kriegsminister von Roon und General Moltke dem Könige vorauf. Mit lautem Jubel wurde nun von allen Seiten der bisher so verhaßte und vielgeschmähte Minister neben seinem Könige als der Held des Tages begrüßt. König Wilhelm beförderte ihn am Einzugstage zum Generalmajor und ernannte ihn zum Chef des schweren siebenten Landwehr-Reiterregiments. Als Nationaldank aber wurde ihm später eine ansehnliche Dotation verliehen, die er zum Ankauf eines ausgedehnten Grundbesitzes in Pommern verwandte, der die Güter Varzin, Wussow, Puddiger, Misdow, Chomitz und das Vorwerk Charlottenthal umfaßte und der später noch durch den Ankauf des Gutes Seelitz und des Rittergutes Alt-Chorow erweitert und abgerundet worden ist. Varzin wurde nun für die nächsten Jahre der Lieblingsaufenthalt Bismarcks, in dem er sich gern von den Mühen und Anstrengungen seiner sich immer mehr erweiternden Arbeit im Dienste des Vaterlandes erholte.

Der Bundeskanzler.

Durch den am 23. August 1866 zu Prag abgeschlossenen Frieden war Preußen Herr im eigenen Hause geworden. Die preußische Monarchie hatte durch die Einverleibung Hannovers, Kurhessens, Nassaus, Schleswig-Holsteins und der freien Stadt Frankfurt einen erheblichen Länderzuwachs erhalten. Die Vereinigung Norddeutschlands bis an die Mainlinie unter preußischer Führung war gesichert. Unverweilt ging Graf Bismarck ans Werk, um die übrigen norddeutschen Staaten mit dem so gestärkten und innerlich gefestigten Preußen zum Norddeutschen Bunde zusammen zu schließen. Am 24. Februar 1867 trat zum erstenmal der durch allgemeines Stimmrecht gewählte Reichstag des Norddeutschen Bundes in Berlin zusammen. Seine Hauptaufgabe war die Beratung der ihm vorgelegten Bundesverfassung, die, wenn auch vorläufig auf Norddeutschland beschränkt, die lang ersehnte Einigung des deutschen Vaterlandes ihrer Verwirklichung entgegen führen sollte. Eine glänzende Rede, in welcher Graf Bismarck den Reichstag mahnte ohne Zeitverlust und ohne sich durch einzelne unerfüllt gebliebene Wünsche beirren zu lassen, den Grundstein zum Einigungswerke zu legen, schloß mit den denkwürdigen Worten: „Meine Herren, arbeiten wir rasch, setzen wir Deutschland nur sozusagen erst in den Sattel! Reiten wird es schon können." Diesmal war seine Mahnung keine vergebliche. Schon am 16. April 1867 wurde der Verfassungsentwurf mit 230 gegen 52 Stimmen angenommen und am 1. Juli konnte die Verfassung bereits in Kraft treten. Während sie der Volksvertretung in betreff der Gesetzgebung, sowie des Finanz- und Steuerwesens die wichtigsten Rechte einräumte, wurde die Militärmacht, die neubegründete Marine, das Post- und Telegraphenwesen und die Leitung der auswärtigen Angelegenheiten der starken und einheitlichen Leitung unter preußischer Führung unterstellt. Am 14. Juli 1867 wurde Graf Bismarck zum Bundeskanzler ernannt und damit zum Vorsitzenden im Bundesrate, zum Hüter der Gesetze und Einrichtungen des Bundes und zum Leiter der auswärtigen Politik.

Mußte auch der Anschluß Süddeutschlands an den Norddeutschen Bund vorläufig noch der zukünftigen Entwickelung vor-

behalten bleiben, so mußte doch Bismarck schon jetzt auf wirtschaft=
lichem Gebiete zwischen dem Norden und Süden Deutschlands
engere Bande zu knüpfen. Mit den süddeutschen Staaten wurde
auf neuer Grundlage ein Zollvertrag abgeschlossen, zu dessen Be=
stimmungen auch die Einführung eines Zollparlamentes gehörte, das
am 27. April 1868 zum erstenmal zusammentreten konnte, und
das sich bald als ein mächtiges Band der Einheit erweisen sollte.
Die Besorgnis, daß durch diese Einheitsbestrebungen die Eifersucht
des Auslandes geweckt und der Friede gefährdet werden könne, wies
der Bundeskanzler in einer der von ihm im Zollparlament ge=
haltenen Reden mit den mannhaften Worten zurück: „Allen, die
eine solche Besorgnis hegen und aussprechen: gebe ich zu bedenken,
daß ein Appell an die Furcht in deutschen Herzen niemals ein Echo
findet." Während der Norddeutsche Reichstag auch in den nächst=
folgenden Jahren seine Arbeit an dem innern Ausbau des Nord=
deutschen Bundes rüstig fortsetzte, wurde durch die ferneren Ver=
handlungen des Zollparlamentes, das im Jahre 1869 abermals
zusammentrat, auch der künftigen völligen Einigung des Nordens mit
dem Süden weiter vorgearbeitet. „Es war, wie ein echt deutsch
gesinnter bayrischer Abgeordneter des Zollparlaments treffend be=
merkte, in deutschen Landen Frühling geworden."

Der Krieg gegen Frankreich und die Begründung des neuen deutschen Reiches.

Die Eitelkeit des französischen Volkes konnte die Siege Preußens
und die Machtstellung, die es seit dem Jahre 1866 gewonnen
hatte, nicht verschmerzen. „Rache für Sadowa" war in Frank=
reich das Losungswort geworden und Kaiser Napoleon vermochte
dem Drängen nach dem Kriege gegen Preußen für die Dauer
nicht Widerstand zu leisten. Schon unmittelbar nach dem Ab=
schluß des Friedens mit Österreich im Jahre 1866 hatte der
französische Gesandte Benedetti Bismarck gegenüber Andeutungen
fallen lassen über französische Gebietserweiterungen am Rhein, die
Napoleon erstrebte. Preußen sollte dazu die Hand bieten, zum
Entgelt für den Länderzuwachs, den es im österreichischen Kriege
gewonnen und den Frankreich zugelassen hatte. Bismarck hatte
diese Zumutung selbst auf die Gefahr eines sofortigen Krieges mit
Frankreich aufs entschiedenste zurückgewiesen. Um dem französischen
Nationalgefühl Genugtuung zu verschaffen, versuchte Napoleon
im Jahre 1867 das Großherzogtum Luxemburg, in welchem Preußen
zur Zeit des Deutschen Bundes das Besatzungsrecht gehabt hatte,
durch geheime Unterhandlungen mit dem König der Niederlande
für Frankreich zu gewinnen. Der feingesponnene Plan rief in
Deutschland eine allgemeine Aufregung hervor. Der Friede hing
schon damals nur an einem Haare, und es bedurfte der ganzen
Klugheit und Mäßigung des Bundeskanzlers, um ihm vorzubeugen.

Ein heilsamer Dämpfer wurde den Kriegsgelüsten Napoleons dadurch
aufgesetzt, daß Bismarck die bis jetzt geheim gehaltenen Bündnisverträge mit den süddeutschen Staaten veröffentlichte. Die Luxemburger Angelegenheit wurde dahin geregelt, daß das Großherzogtum Luxemburg für neutral erklärt wurde und Preußen auf sein
Besatzungsrecht verzichtete. Aber auch jetzt gab Napoleon seine
Versuche, auf irgend welchem Wege zu Gebieterweiterungen an
seiner östlichen Grenze zu gelangen nicht auf, ohne jedoch bei
Bismarck ein willigeres Ohr zu finden. Als nun Frankreich sich
für hinlänglich gerüstet hielt, suchte man mit Gewalt zu erreichen,
was auf dem Wege listiger und schmeichlerischer Anträge nicht
durchzusetzen gewesen war. Ein Anlaß zum Kriege, wenn er einmal gesucht wird, ist leicht zu finden. So war es auch hier. Ein

unvorhergesehener
Zwischenfall genügte,
um die längst unter
der Asche glimmende
Kriegsgefahr in hel-
len Flammen auf-
lodern zu lassen.
Die Spanier hatten
im Jahre 1868 ihre
tugendhafte Königin
Isabella entthront
und aus dem Lande
gejagt und, da es
mit der Republik in
dem von Parteien
zerrissenen Lande
nicht gehen wollte,
sahen sie sich nach
einem neuen Könige

Bismarck und Benedetti.

um. Nach verschiedenen anderen vergeblichen Versuchen lenkten sich
die Blicke Spaniens auf den damaligen Erbprinzen Leopold von
Hohenzollern, den ältesten Sohn des Fürsten Anton von Hohenzollern-Sigmaringen. Eine spanische Deputation wurde an denselben abgesandt, um ihm die Königskrone anzubieten. Die längst
gegen Preußen gereizten und aufgehetzten Franzosen sahen in der
Annahme derselben seitens des Gewählten eine neue Kränkung und
Herausforderung ihrer Nation. Während König Wilhelm, wie
alljährlich um diese Zeit in friedlichster Stimmung zum Kurgebrauch
in Ems weilte, erschien dort der französische Botschafter Graf
Benedetti, um im Auftrage seiner Regierung an den König die
Forderung zu stellen, er solle zur Beschwichtigung Frankreichs dem
Prinzen die Verzichtleistung auf den spanischen Thron anbefehlen.
In ruhigster Weise wurde ihm erwidert, daß dem König die ganze
Angelegenheit fremd sei, und er kein Recht habe, der freien Ent-

— 33 —

schließung des Prinzen Zwang anzuthun. Persönlich hatte er
nicht unterlassen, von der Annahme des spanischen Thrones abzuraten. Durch den freiwilligen Rücktritt des Prinzen von der
spanischen Thronkandidatur schien der ganze Streit schon beendet,
als der französische Botschafter am 13. Juli plötzlich die neue
Forderung stellte, König Wilhelm solle sich für alle Zeiten verpflichten, niemals seine Zustimmung zu geben, wenn die Hohenzollern oder die Spanier jemals auf diese Kandidatur zurückkommen
sollten. Auf diese herausfordernde Zumutung, durch welche in dem
Könige die gesamte deutsche Nation beleidigt war, ließ König
Wilhelm dem Gesandten durch seinen Adjutanten die Antwort erteilen, daß er ihm in dieser Angelegenheit nichts mehr mitzuteilen
habe. Trotzdem wagte es Benedetti noch, sich dem Könige auf der
Promenade in den Weg zu stellen, und die verletzende Zumutung
noch einmal zu wiederholen. Der König lehnte jede weitere Erörterung ab. Die Kunde von den Vorgängen in Ems rief nicht
bloß in Preußen, sondern in ganz Deutschland die allgemeinste
Entrüstung hervor. Das ganze Volk durchzuckte das Gefühl, daß
der Krieg unvermeidlich geworden sei, und allerwärts ertönte die
„Wacht am Rhein" mit ihrem zündenden Aufruf zum Kampfe.
In rascher Aufeinanderfolge drängten sich die Ereignisse. Am
14. Juli erfolgte die Abberufung des preußischen Botschafters aus
Paris, und am folgenden Morgen schon trat der König seine Rückreise von Ems nach Berlin an. Überall, wo der Sonderzug, der
ihn heimführte, vorbei kam, wurde der König mit begeistertem Jubel
begrüßt. Die aus Paris eingetroffene Nachricht, daß der Krieg
beschlossen sei, beantwortete der König mit dem noch während der
Fahrt unterzeichneten Befehle zur Mobilmachung der ganzen Armee.

Graf Bismarck war inzwischen auf die erste Nachricht über
die von seiten Frankreichs erhobene Einsprache gegen die hohenzollernsche Kandidatur aus seinem ländlichen Aufenthalt zu Varzin
nach Berlin geeilt. Mit dem Kronprinzen, dem Kriegsminister
von Roon und dem General Moltke fuhr er dem Könige bis
Brandenburg entgegen. Auf den 19. Juli wurde der Reichstag des Norddeutschen Bundes zu einer außerordentlichen Sitzung
einberufen, in welcher Graf Bismarck die inzwischen eingegangene
französische Kriegserklärung mitteilte. Einstimmig bewilligte der
Reichstag am 21. Juli die von der Regierung für die Kriegführung geforderten Mittel. Die süddeutschen Staaten hatten inzwischen auf Grund der mit ihnen abgeschlossenen Bündnisse ihre
Teilnahme am Kriege gegen Frankreich zugesichert und ihre
Truppen unter den Oberbefehl des Bundesfeldherrn gestellt. Am
31. Juli reiste der Bundeskanzler mit dem Könige, von den Gebeten und Segenswünschen ganz Deutschlands begleitet, von Berlin
ab, um in Mainz, wo das Hauptquartier zunächst aufgeschlagen
wurde, die nächsten Ereignisse auf dem Kriegsschauplatz abzuwarten.
Es bedurfte der vollen Anstrengung seiner geistigen und körper-

— 34 —

lichen Kräfte, um die Arbeitslast zu bewältigen, die in diesen Tagen des beginnenden Krieges auf seinen Schultern ruhte. Es galt vor allem einer Einmischung des Auslandes vorzubeugen und die Bemühungen Napoleons um die Bundesgenossenschaft Österreichs und Italiens zu durchkreuzen. Auch in diesen zum Teil überaus schwierigen Verhandlungen bewährte Bismarck von neuem seine Meisterschaft.

Es ist hier nicht der Ort, den Siegeslauf der deutschen Heere vom Rhein bis vor Paris und bis an die westlichen Grenzen Frankreichs zu verfolgen oder gar die einzelnen Schlachten zu schildern, in denen um den Sieg gerungen worden ist. Immer finden wir Bismarck hart an seines Königs Seite. Mit ihm hat er alle Strapazen und an manchem heißen Tage auch die Entbehrungen, die der Krieg mit sich brachte, treulich geteilt.

Bismarck verkündet im Reichstage die französische Kriegserklärung.

Den Verlauf der Entscheidungsschlacht von Sedan am 1. September 1870 verfolgte Bismarck in der Nähe des Königs, der von einer südwestlich von Sedan gelegenen Höhe aus die Schlacht persönlich leitete. Hier war er, als der heiße Tag sich seinem Ende zuneigte, Augen- und Ohrenzeuge · jenes denkwürdigen Augenblickes, da General Reille dem Könige Wilhelm den Brief Kaiser Napoleons überbrachte, durch welchen dieser seinen Degen in die Hand des Siegers legte. Noch an demselben Abend fanden in Donchery die Verhandlungen wegen Übergabe der gesamten in Sedan umschlossenen französischen Armee statt, denen Graf Bismarck neben dem General Moltke auf ausdrücklichen Befehl des Königs beiwohnte. Erst um ein Uhr fand Bismarck, durch die Ereignisse des vorausgegangenen Tages aufs tiefste erschüttert und ganz erschöpft, in einem Quartier, das in Donchery für ihn ermittelt worden war, die ersehnte Ruhe. Aber schon bald nach fünf Uhr morgens wurde er durch die Nachricht geweckt, daß der Adjutant des Kaisers Napoleon, Graf Reille, ihn zu sprechen wünsche. Dieser hatte ihm die Mitteilung zu überbringen, daß Kaiser Napoleon ihn um eine Unterredung ersuche und sich bereits auf dem Wege von Sedan nach Donchery befinde. Sofort warf sich

— 35 —

Graf Bismarck in seine Kleider und bestieg sein Pferd, um dem besiegten Kaiser entgegenzueilen. In der Nähe von Fresnois traf er den Wagen des Kaisers. Welch ein Wiedersehen, zum erstenmal im Vergleich zu den Tagen von Biarritz, in denen Kaiser Napoleon sich noch auf der Höhe seiner Macht befunden hatte! Graf Bismarck war vom Pferde gestiegen und trat an den Schlag des Wagens, um nach den Befehlen des Kaisers zu fragen. Der Kaiser äußerte den Wunsch, den König persönlich zu sprechen, anscheinend in der Meinung, daß König Wilhelm sich ebenfalls in Donchery befinde. Graf Bismarck erwiderte, daß dies augenblicklich nicht möglich sei, da sich der König in dem drei Meilen entfernten Hauptquartier zu Vendresse befände. Doch erbot er sich, dem Könige den Wunsch des Kaisers zu melden, indem er dem letzteren zugleich sein Quartier in Don-

Bismarck und Napoleon. Nach der Schlacht bei Sedan.

chery anbot, um dort die Ankunft des Königs zu erwarten. Im Schritt wurde nun die Fahrt nach Donchery fortgesetzt. Eine kurze Strecke vor dem kleinen Städtchen lag ein einsam gelegenes Arbeiterhaus, auf welches Kaiser Napoleon mit der Frage wies, ob er nicht dort einkehren könne. Das Haus gehörte einem armen Weber und zeigte die dürftigste Einrichtung. Der Kaiser ersuchte Bismarck, ihm dorthin zu einer Unterredung zu folgen, während die in der Begleitung des Kaisers befindlichen Offiziere draußen warteten. Der kleine einfensterige Raum, in welchem die etwa eine Stunde währende Unterredung stattfand, war nur mit einem Tisch und zwei Binsenstühlen ausgestattet. Kaiser Napoleon versuchte, vor allem für seine Armee günstige Bedingungen zu erhalten; aber Graf Bismarck verwies in dieser Beziehung auf die zwischen General Moltke und dem französischen General Wimpffen eingeleiteten und noch nicht zum Abschluß gelangten Verhandlungen. Auf die Frage Bismarcks, ob der Kaiser zu Friedensverhandlungen geneigt sei, erwiderte der Kaiser, daß er als Gefangener dazu nicht in der Lage sei. Die im Inneren des Hauses begonnene Unterredung wurde dann auf einer Bank vor der Thür derselben fortgesetzt. Im Verlaufe derselben sprach der Kaiser sein Bedauern über das Unglück des Krieges aus, und fügte hinzu: „Ich habe ihn nicht gewollt, aber ich bin durch den

3*

Druck der öffentlichen Meinung dazu genötigt worden." Inzwischen war durch Offiziere des Generalstabes das in der Nähe von Fresnois gelegene Schlößchen Bellevue als geeignet für den Aufenthalt des Kaisers und für eine Zusammenkunft mit dem Könige ermittelt worden. Dorthin ging nun die Fahrt, bei der eine Ehreneskorte des Leib-Kürassier-Regimentes dem Wagen des Kaisers voranritt. Während Bismarck sich nach Donchery zurückbegab, um den fortgesetzten Verhandlungen über die Kapitulation der Armee beizuwohnen, erwartete Napoleon die Ankunft des Königs. Nachdem die Kapitulationsverhandlungen zum Abschluß gebracht und der Text der Abmachung vom König genehmigt worden war, traf dieser gegen zwei Uhr nachmittags im Schloß Bellevue ein. An der Treppe begrüßte Kaiser Napoleon entblößten Hauptes den königlichen Sieger. Die geschichtlich denkwürdige Begegnung der beiden Monarchen währte etwa eine Viertelstunde. „Welch eine Wendung durch Gottes Führung!" — mit diesen Worten hat König Wilhelm in seinem Schreiben an die Königin Augusta den Empfindungen Ausdruck gegeben, die ihn in jener Stunde bewegt haben. Am folgenden Tage aber, am 3. September, brachte König Wilhelm bei der Mittagstafel im Hauptquartier zu Vendresse, noch tiefbewegt von den Eindrücken der letzten Tage, einen Trinkspruch auf die drei Männer aus, durch deren Mitarbeit so große Erfolge erzielt worden waren. „Wir müssen heute aus Dankbarkeit," so lauteten seine Worte, „auf das Wohl meiner braven Armee trinken. Sie, Kriegsminister von Roon, haben unser Schwert geschärft; Sie, General von Moltke, haben es geleitet, und Sie, Graf von Bismarck, haben seit Jahren durch die Leitung der Politik Preußen auf seinen Höhepunkt gebracht. Lassen Sie uns also auf das Wohl der Armee, der drei von Mir Genannten und jedes einzelnen unter den Anwesenden trinken, der nach seinen Kräften zu den bisherigen Erfolgen beigetragen hat."

Der Krieg nahm seinen Fortgang, denn die nach dem Sturze des Kaiserreiches am 4. September eingesetzte „Regierung der nationalen Verteidigung" wollte von Friedensverhandlungen nichts wissen. So setzte denn die siegreiche deutsche Armee ihren Vormarsch nach Paris fort. Nach der am 19. September vollbrachten Umschließung der feindlichen Hauptstadt wurde das große Hauptquartier, in welchem der Bundeskanzler Graf Bismarck sich andauernd befand, zuerst zu Ferrières in dem mit glänzender Pracht ausgestatteten Rothschildschen Schlosse aufgeschlagen und von da Anfang Oktober nach Versailles verlegt. Bismarck nahm hier in einem in der stillen Rue de Provence gelegenen stattlichen Hause seine Wohnung. Vom 5. Oktober 1870 bis März 1871 ist dieses Haus die Stätte der wichtigsten und entscheidendsten Verhandlungen gewesen. Neben vorläufig vergeblichen Versuchen mit den gegenwärtigen Machthabern in Frankreich zu einer Verständigung zu gelangen, gingen Verhandlungen her mit den auswärtigen Mächten,

— 37 —

bei denen es sich vor allem immer wieder darum handelte, die Einmischungen und Vermittelungsversuche des Auslandes abzuwenden. Auch im eigenen Lager fehlte es nicht an Reibungen, die dem Bundeskanzler manche schwere Stunde bereiteten. Vor allem aber galt es jetzt, die durch den Krieg thatsächlich vollzogene Einigung aller deutschen Stämme dauernd zu befestigen und mit den Bevollmächtigten der süddeutschen Staaten Verhandlungen zu führen und Verträge abzuschließen, durch welche deren Eintritt in den Norddeutschen Bund geregelt wurde. Es galt unter möglichster Schonung der Sonderrechte, welche einzelne dieser Staaten sich vorbehalten wollten, die Einheit des neuzubegründenden deutschen Reiches zu sichern. Schon am 15. November konnten die Verträge mit Baden und Hessen abgeschlossen werden. Am 23. November kam auch der Vertrag mit Bayern und am 25. der

Bismarcks Wohnung in Versailles.

mit Württemberg, sämtlich unter Vorbehalt der Genehmigung des Norddeutschen Reichstages und der eigenen Landesvertretungen, glücklich zu stande. Nun richtete König Ludwig von Bayern an alle deutschen Fürsten und freien Städte ein Schreiben, in welchem er diesen den Antrag unterbreitete, dem Könige Wilhelm für sich und seine Nachfolger auf dem Throne Preußens die deutsche Kaiserkrone anzubieten. Infolgedessen stellte der Norddeutsche Bundesrat bei dem in Berlin versammelten Reichstag den Antrag, „daß der neu gegründete Bund den Namen „Deutsches Reich" und das Oberhaupt desselben den Titel „Deutscher Kaiser" führen solle."

Fürsten und Völker stimmten freudig zu, und König Wilhelm erklärte sich zur Annahme der Würde bereit. Das mitten unter den Kämpfen des noch fortdauernden Krieges durch die Weisheit und Mäßigung des Bundeskanzlers zustandegekommene Einigungswerk erhielt am 18. Januar 1871, dem hundertundsiebzigsten Gedenktage der Erhebung Preußens zum Königreiche, seinen herrlichen und feierlichen Abschluß. An diesem Tage wurde nach voraufgegangenem Gottesdienste in der großen Spiegelgalerie des alten Königschlosses zu Versailles das deutsche Kaiserreich, zu welchem die bisher getrennten Fürsten und Staaten sich nun vereinigt hatten, feierlich ausgerufen. Nach beendigtem Gottesdienst betrat König Wilhelm die am Ende des langgestreckten Saales errichtete und mit den Fahnen und Standarten aller um Paris gelagerten deutschen Truppenteile geschmückte Estrade und verkündete mit lauter fester Stimme, daß er die ihm von den Fürsten und freien Städten angebotene deutsche Kaiserwürde annehme. Hierauf verlas Fürst Bismarck die erste öffentliche Urkunde, mit welcher der nunmehrige Kaiser des neuerrichteten deutschen Reiches sich an das deutsche Volk wandte, und die mit den erhebenden Worten schloß: „Wir nehmen die kaiserliche Würde in der Hoffnung an, daß es der deutschen Nation gegeben sein werde, unter dem Wahrzeichen ihrer alten Herrlichkeit das Vaterland einer segensreichen Zukunft entgegen zu führen. Uns und Unsern Nachfolgern an der Kaiserkrone aber wolle Gott es verleihen, allzeit Mehrer des Deutschen Reiches zu sein, nicht an kriegerischen Eroberungen, sondern an den Gütern und Gaben des Friedens auf den Gebieten nationaler Wohlfahrt, Freiheit und Gesittung."

Kaiser-Proklamation.

Unmittelbar nach diesem denkwürdigen Tage machte am 19. Januar die Pariser Besatzung den letzten verzweifelten Versuch die eherne Umklammerung der deutschen Armee zu durchbrechen. Auch dieser Versuch mißlang, und „der Widerstand aufs äußerste", mit dem Paris bis dahin getrotzt hatte, war gebrochen. Am 23. Januar erschien Jules Favre als Bevollmächtigter der Regierung der nationalen Verteidigung in Versailles, um mit Bismarck und Graf Moltke über die Übergabe der stolzen Weltstadt Paris und die Herbeiführung eines Waffenstillstandes zu unterhandeln. Auch bei diesen Verhandlungen vertrat Graf Bismarck gegenüber den strengeren Forderungen des Generalstabes den Grundsatz der möglichsten Schonung des ohnehin gedemütigten Feindes. Am 28. Januar erfolgte die Übergabe der sämtlichen Forts von Paris unter Abschluß des Waffenstillstandes, von dem nur die an der französischen Ostgrenze gesammelte Armee Bourbakis ausgeschlossen wurde. Um so fester und unerbittlicher aber bestand

— 39 —

Graf Bismarck bei den Verhandlungen über die Einleitungen des Friedens auf der Abtretung des Elsaß und des östlichen Teiles von Lothringen, die er zur Vorbedingung jeder weiteren Verhandlungen machte. Zu den letzteren erschien erst der neugewählte Präsident der französischen Republik Thiers allein und dann mit Jules Favre zusammen in Versailles. Die französischen Bevollmächtigten stellten sich bei den von Bismarck geforderten Bedingungen zunächst ungebärdig genug an. Als Bismarck ganz Elsaß mit Einschluß von Belfort, die Stadt und Festung Metz, einen Teil von Lothringen und eine Kriegsentschädigung von sechs Milliarden Franks forderte, da that der kleine Thiers, als sollte er aus der Haut fahren. Bei dem Worte „sechs Milliarden" fuhr er empört von seinem Sitz auf und rief französisch: „Das ist ja eine wahre Be-

raubung, eine Schlechtigkeit!" — „Ich bedaure," entgegnete Bismarck gelassen, „diese Worte nicht zu verstehen" — natürlich verstand er sie sehr gut — „ich sehe, daß ich des Französischen doch nicht mächtig genug bin. Wir werden von jetzt ab deutsch reden müssen, um so mehr, als ich keinen Grund erkennen kann, warum

Friedensverhandlungen mit Thiers und Favre.

wir das nicht von Anfang an gethan haben." Graf Bismarck sprach von dem Augenblick an deutsch, und Herr Thiers sah sich veranlaßt, dasselbe zu thun; jedoch machte der Gebrauch der fremden Sprache ihm so viele Schwierigkeiten, daß darüber sein Zorn sich abkühlte. Er wurde ruhiger und machte schließlich so erhebliche Zugeständnisse, daß Bismarck lächelnd sagte: „Auf dieser Grundlage bin ich bereit, die Verhandlungen in französischer Sprache wieder aufzunehmen."

Im Laufe der Verhandlungen verzichtete Bismarck auf Belfort und ermäßigte die Summe der Kriegskostenentschädigung auf fünf Milliarden Frank. So kam nach mancherlei Hin- und Herreden am 26. Februar der Abschluß des Präliminarfriedens zu stande. Bis zur Bestätigung desselben durch die in Bordeaux tagende französische Nationalversammlung wurde der Waffenstillstand verlängert. In den Abmachungen des Präliminarfriedens war auch

die Besetzung eines Teiles von Paris durch deutsche Truppen vor=
gesehen. Kaiser Wilhelm hatte mit besonderem Nachdruck darauf
gedrungen, daß seiner siegreichen Armee diese Genugthuung nicht
versagt werde. Um einer längeren Besetzung von Paris durch
deutsche Truppen vorzubeugen, beeilte sich die Nationalversammlung,
die Friedensbedingungen, an denen sie doch nichts zu ändern ver=
mochte, anzunehmen. Damit war der glorreiche Krieg beendet und
der Reichskanzler konnte am 5. März Versailles verlassen, um in
die Heimat zurückzukehren. Für die Verhandlungen über den end=
giltigen Frieden wurde zunächst Brüssel bestimmt.

Still und ohne Aufsehen, nur von seiner Gemahlin und seiner
Tochter auf dem Bahnhof empfangen, traf Bismarck am 11. März
1871 in früher Morgen=
stunde in Berlin ein. Nach=
dem am 17. März auch der
sieggekrönte Kaiser unter
Glockengeläute, Kanonen=
donner und dem unbeschreib=
lichen Jubel der ganzen
Bevölkerung in seine Haupt=
stadt zurückgekehrt war, wurde
am 21. März 1871 der erste
deutsche Reichstag eröffnet.
Der Kaiser erhob den aus
dem Bundeskanzler nunmehr
zum Reichskanzler gewor=
denen Grafen Bismarck an
diesem Tage in Anerkennung
seiner Verdienste um die
Wiederherstellung des
deutschen Reiches in den
Fürstenstand. Außerdem

Bismarck beim Einzug der deutschen Truppen in Paris.

wurde dem nunmehrigen Fürsten der Sachsenwald bei Hamburg,
der zu den Domänen des Herzogtums Lauenburg gehörte, als erb=
licher Grundbesitz verliehen. Der Fürst hat ein im Sachsenwalde
gelegenes einfaches Wirtshaus, das ehemals ein Jagdhaus gewesen
war, und das von seinem Erbauer den Namen Friedrichsruh trug,
in ein behagliches, seinen Bedürfnissen entsprechendes Wohnhaus
umgestalten lassen. Der Aufenthalt in Varzin ist seitdem nur auf
einige Wochen des Jahres beschränkt geblieben und Friedrichsruh
ist je länger je mehr der Lieblingssitz des Fürsten geworden. Der
Hauptreiz dieses neuen Besitzes lag für ihn in dem herrlichen Walde,
der ihn von allen Seiten umschließt.

Da die in Brüssel begonnenen Verhandlungen über den end=
gültigen Abschluß des Friedens durch die Widerspenstigkeit der
französischen Unterhändler ins Stocken gerieten, so wurde für
ihren weiteren Fortgang Frankfurt a. M. gewählt. Fürst Bismarck

begab sich selbst zur Beseitigung der von französischer Seite erhobenen
Schwierigkeiten dorthin. Dank seinem festen und entschiedenen Auftreten gelangten die Verhandlungen nun bald zu einem befriedigenden Abschluß, und am 10. Mai konnte der Friede von den
beiderseitigen Bevollmächtigten unterzeichnet werden. Es war der
glorreichste Friedensschluß, den die deutsche Geschichte jemals aufzuweisen gehabt hat. Mit noch viel größerem Rechte galt nun, was
Max von Schenckendorf in dem Jahre des Befreiungskrieges gesungen hatte:

>„Vaterland in tausend Jahren
>Kam dir solch ein Frühling kaum.“

Mit dem Friedensschluß durfte der größte Teil der deutschen
Heere die Rückkehr in die Heimat antreten. Bei dem feierlichen
Einzug der Garden in Berlin am 16. Juni ritt Fürst Bismarck
mit dem Kriegsminister Graf Roon und dem Generalfeldmarschall
Graf Moltke durch die festlich geschmückte Siegesstraße seinem
Kaiser wiederum voran. Von dem Dienstgebäude des Auswärtigen
Ministeriums aber wehte eine mächtige Fahne mit der Inschrift:

>„Wir wollen sein ein einig Volk von Brüdern,
>In keiner Not uns trennen und Gefahr.“

Friede nach außen.

Kaum war durch den Frieden von Frankfurt der gewaltige
Krieg, dessen Siegespreis das neubegründete Deutsche Reich gewesen ist, beendet, als Bismarck auch sogleich die dauernde Erhaltung und Befestigung des Friedens seine erste Sorge sein ließ.
Es war keine leichte Aufgabe, die sich der Kanzler des neuen
Deutschen Reiches damit stellte. Aber nur wenige Jahre waren
vergangen, da war es der Staatskunst Fürst Bismarcks gelungen,
die mißtrauisch feindliche Stimmung, mit der Deutschlands Nachbarn das Deutsche Reich hatten neu erstehen sehen, völlig umzuwandeln, und nur von der in Frankreich fortglimmenden und bei
jedem Anlaß neu auflodernden Rachgier drohte noch eine neue
Kriegsgefahr. Um so mehr ließ es sich Fürst Bismarck angelegen
sein, diese Gefahr so lange als möglich hinauszuschieben und vor
allem Frankreich gegenüber die richtige Stellung einzunehmen, indem
er der Befestigung der neuen republikanischen Staatsform, die sich
Frankreich gegeben hatte, und dem Ansehen des Staatsoberhauptes
Thiers jeden nur möglichen Vorschub leistete.

Da man in Frankreich bei einem Rachekriege gegen Deutschland vor allem auf die Bundesgenossenschaft Italiens rechnete, so
war der Leiter der deutschen Politik darauf bedacht, die freundschaftlichen Beziehungen zwischen dem italienischen Königshause und
dem deutschen Kaiserhause nach Möglichkeit zu pflegen. Durch den
Besuch, den König Viktor Emmanuel im September 1873 dem
preußischen Hofe machte und den Kaiser Wilhelm im Oktober 1875

in Mailand erwiderte, sowie durch die schon frühere Anwesenheit des Kronprinzen von Italien und seiner Gemahlin in Berlin und Potsdam und wiederholte Reisen des deutschen Kronprinzen in Italien wurden diese Beziehungen in erfolgreicher Weise angebahnt.

Noch eifriger als um das gute Einvernehmen mit Italien, bemühte sich Fürst Bismarck um eine Annäherung des Deutschen Reiches an Österreich. Schon in den milden Bedingungen des Nikolsburger und Prager Friedens im Jahre 1866 hatte Fürst Bismarck ein künftiges Bündnis Deutschlands mit Österreich-Ungarn ins Auge gefaßt, und kaum war im Herbst 1870 durch den Abschluß der Verträge mit den süddeutschen Staaten die Errichtung des Deutschen Reiches gesichert, als Bismarck die österreichische Regierung von diesen Schritten mit dem Wunsche in Kenntnis setzte, mit dem mächtigen und befreundeten Nachbarreiche Beziehungen zu pflegen, welche der gemeinsamen Vergangenheit ebenso wie den Gesinnungen und Bedürfnissen der beiderseitigen Bevölkerung entsprächen. Die zu Rußland längst gepflegten freundschaftlichen Beziehungen waren noch dadurch befestigt worden, daß es dem Einfluß Bismarcks gelungen war, dem russischen Freund dadurch einen Dienst zu erweisen, daß ihm die infolge des Krimkrieges geschmälerte freie Bewegung auf dem schwarzen Meere zurückgegeben wurde. Aber Bismarck wußte noch mehr zu erreichen. Es gelang ihm, die seit dem Krimkriege bestehende Entfremdung Österreichs und Rußlands auszugleichen und dadurch dem Dreikaiserbündnis zwischen Deutschland, Rußland und Österreich den Weg zu bahnen. Bei einer Zusammenkunft der drei Kaiser in Berlin, die in den Tagen vom 5. bis 12. September 1872 stattfand und welcher die drei Minister Bismarck, Gortschakoff und Andrassy beiwohnten, konnte die vollste Verständigung und Übereinstimmung über die allgemeinen Ziele der Politik der drei Kaiserreiche festgestellt werden. Zwar kam es zu keinen bestimmten Vereinbarungen in schriftlicher Form, doch wurde dies für den Fall vorbehalten, daß von irgend einer Seite der Friede thatsächlich bedroht erschiene. In ganz Europa wurde die segensreiche Bedeutung dieses starken Friedensbundes anerkannt und von Jahr zu Jahr befestigte sich die Überzeugung, daß Deutschland und seine Bundesgenossen keinerlei Eroberungspolitik trieben, sondern für sich und ihre Nachbarvölker nur die Erhaltung des Friedens erstrebten. So entsagte dann bald ein Staat nach dem andern seiner mißtrauischen Zurückhaltung gegen das Deutsche Reich. Eine schwere Probe hatte das Dreikaiserbündnis zu bestehen, als im Jahre 1877 der russisch-türkische Krieg ausbrach. Damals ist es Bismarcks großes Verdienst gewesen, durch die Zusage der strengsten Neutralität Deutschlands auch die ebenso strenge Neutralität der übrigen europäischen Mächte zu erreichen, nachdem Kaiser Alexander II. unter feierlicher Verpfändung seines Ehrenwortes versichert hatte, daß Rußland nicht zum Schwerte greife, um Eroberungen zu machen, insbesondere nicht, um Konstantinopel in Besitz zu nehmen. Es

war der beste Beweis für die Anerkennung, welche diese Haltung
Deutschlands bei allen beteiligten und unbeteiligten Mächten fand,
daß, als nach Beendigung des Krieges zur dauernden Schlichtung
der Wirren im Orient ein europäischer Kongreß zusammentreten
sollte, Deutschland ersucht wurde, denselben nach Berlin einzuberufen
und auf ihm den Vorsitz zu übernehmen. Auf diesem vom 13. Juni
bis 13. Juli in Berlin tagenden Kongresse hat Bismarcks Staats=
kunst einen ihrer größten Triumphe gefeiert. Jemehr er darauf
verzichtete, den Schiedsrichter spielen zu wollen und sich, wie er
selbst sagte, mit der bescheideneren Rolle eines „ehrlichen Maklers"
begnügte, um so besser gelang es ihm, als solcher das Geschäft zu
stande zu bringen und die Meinungsverschiedenheiten zu versöhnen.

Obwohl auch Rußland die ehrliche und unparteiische Haltung
anerkennen mußte, die Bismarck auf dem Berliner Kongresse be=
wahrt hatte, so kehrte der Leiter der russischen Politik, Fürst Gortscha=
koff, doch in tiefster Verstimmung über Bismarck nach Petersburg
zurück und es gelang ihm, seine Mißstimmung auch auf den Kaiser
Alexander zu übertragen. Man beschuldigte Deutschland des schnödesten
Undanks für die von Rußland im deutsch=französischen Kriege be=
wiesene freundnachbarliche Haltung. Eine große Partei in Ruß=
land schürte offen Haß und Feindschaft gegen das zu mächtig
werdende Deutschland und drohte „Konstantinopel muß in Berlin
erobert werden." Im Geheimen aber hetzte besonders Fürst Gortscha=
koff, der es nicht vergessen konnte, daß er, der große Staatsmann,
in Berlin nicht die erste Rolle hatte spielen können. Als nach dem
Abschluß des Friedensvertrages dann eine von allen Großmächten
beschickte Kommission zusammentrat, um die streitigen Grenzen end=
gültig abzustecken, da stellte Kaiser Alexander II. an Kaiser Wilhelm
die Zumutung, daß der deutsche Vertreter in dieser Kommission
sich ohne weiteres den Wünschen des russischen Vertreters unter=
ordnen solle. Auf den Rat Bismarcks, der sich gerade zur Kur
in Gastein befand, lehnte Kaiser Wilhelm die Zumutungen, obwohl
sie in immer schrofferer und drohenderer Form auftraten, wenn
auch höflich, so doch mit Entschiedenheit ab. Als aber der Zar
schließlich das fernere Fortbestehen des Friedens zwischen beiden
Völkern von der Einwilligung des Kaisers Wilhelm in sein Ver=
langen abhängig machte, da erklärte Fürst Bismarck dem Kaiser:
„Wenn diese Worte in einer amtlichen Zuschrift stünden, so würde
der Krieg gegen Rußland die einzige Antwort sein können. Er
bitte daher, Seine Majestät den Zaren ersuchen zu wollen, diese
Angelegenheit ferner auf amtlichem Wege zu behandeln." In der
That schien der Krieg vor der Thür zu stehen; russischerseits
wurden bereits Einleitungen zu einem Bündnis mit Frankreich ge=
troffen. Auch eine persönliche Zusammenkunft der beiden Kaiser
in Alexandrowo, vermochte die Mißstimmung nicht dauernd zu be=
seitigen. Bei dieser Lage der Dinge sah Bismarck das einzige
Heil in einem festen Zusammenschluß Deutschlands mit Österreich.

Er trat darüber sofort mit dem österreich-ungarischen Minister des
Auswärtigen, Grafen Andrassy, in Verhandlung. Das Ergebnis
derselben war der am 7. Oktober 1879 zwischen Deutschland
und Österreich-Ungarn abgeschlossene feste Bündnisvertrag. Dem
Kaiser Wilhelm wurde es in Rücksicht auf die bisherige von ihm
so treu gepflegte russische Freundschaft nicht leicht, dem Vertrage
seine Zustimmung zu geben. Es bedurfte wiederholter und dringender
Vorstellungen des Fürsten Bismarck, bis sie erfolgte. Ausdrücklich
wurde als der Zweck des vorläufig auf fünf Jahre abgeschlossenen
und später erneuerten Bündnisses die Erhaltung des Friedens bezeichnet. Dem deutsch-österreichischen Bündnis ist dann im März
1883 als dritte Macht Italien beigetreten. So lange dieser von
Bismarck geschaffene mitteleuropäische Dreibund zwischen Deutschland, Österreich und Italien besteht, ist in ihm für die Erhaltung
des Friedens in Europa eine sichere Bürgschaft gegeben.

Auch mit Rußland wußte Fürst Bismarck trotz des vom
Fürsten Gortschakoff genährten Hasses gegen Deutschland ein leidliches Einvernehmen wieder herzustellen. Die persönliche Freundschaft zwischen Kaiser Wilhelm und dem Zar Alexander II. war eine
zu fest begründete, um nicht eine vorübergehende politische Mißstimmung zu überdauern. In den wieder freundlicher gewordenen
Beziehungen der beiden Höfe zu einander trat auch durch den Tod
Alexanders II., der am 1. März 1881 das Opfer eines schmäh-
vollen Meuchelmordes wurde, zunächst keine Veränderung ein. Im
Gegenteil, der nunmehr thatsächliche Leiter der auswärtigen Angelegenheiten Rußlands, Herr von Giers, war von den deutschfeindseligen Gesinnungen Gortschakoffs völlig frei, und der neue
Kaiser Alexander III. zeigte sich ernstlich gewillt, die alte treue
Freundschaft mit Kaiser Wilhelm und dem deutschen Reiche aufrecht zu erhalten. Von diesem Entschlusse beseelt, gab er selbst zu
einer Zusammenkunft zwischen Kaiser Wilhelm und ihm die Anregung, die am 9. September 1881 zu Danzig stattfand, und deren
Bedeutung dadurch erhöht wurde, daß die Brüder des Zaren,
Großfürst Wladimir und Großfürst Alexei, der Minister Giers und
andere hohe russische Würdenträger sich in der Begleitung des
Zaren befanden, während mit dem Kaiser Wilhelm der Kronprinz,
der Großherzog von Mecklenburg und auch der Reichskanzler Fürst
Bismarck nach Danzig kamen. Die Eindrücke der Begegnung waren
deutscherseits wie auch russischerseits gleich wohlthuende.

Mit großer Umsicht wußte Bismarck auch während der neuen
Verwickelungen, welche die Jahre 1885 und 1886 auf der
Balkanhalbinsel brachten, und durch die Stellung, die er zu dem
russisch-bulgarischen Konflikte einnahm, das friedliche Einvernehmen
mit Rußland aufrecht zu erhalten. Ja selbst das Verhältnis
Deutschlands zu Frankreich gestaltete sich in den Jahren 1884
und 1885 bis zu einem gewissen Grade zu einem befriedigenden.
Eine ungünstigere Wendung trat erst ein, als am 7. April 1886

der abenteuerliche General Boulanger in Frankreich Kriegsminister
geworden war. Dieser brachte ein neues Heerdienstgesetz ein, nach
welchem jeder Franzose drei Jahre bei der Fahne dienen sollte.
Die Rachegelüste steigerten sich in Frankreich bis auf den Siedepunkt. In der französischen Presse und in den Gassen von Paris
tobten die aus Boulangers geheimen Fonds unterhaltenen Lärmmacher für den Rachekrieg gegen Deutschland. Um dieselbe Zeit
legte die deutsche Regierung dem Reichstag ein neues Gesetz über
die Friedenspräsenzstärke des Deutschen Reiches vor, welches auf
sieben Jahre bis zum 31. Dezember 1894 die Friedensstärke des
Heeres an Mannschaften auf 486,983 Mann feststellte. Vergeblich
befürwortete Feldmarschall Moltke in seiner unvergleichlich trefflichen
Weise die Vorlage. Vergeblich hielt Fürst Bismarck in den Tagen
vom 11., 12. und 13. Januar 1887 nicht weniger als fünf große
Reden für die Regierungsvorlage, in denen er den furchtbaren
Ernst eines neuen deutsch-französischen Krieges andeutete. Seine
mächtigen Reden machten keinen Eindruck auf die Mehrheit eines
Reichstages, in dem Ultramontane die Fortschrittspartei und Sozialdemokraten, durch Polen und Elsässer verstärkt, die Mehrheit bildeten.
Am 14. Januar 1887 wurde die Vorlage der Regierung abgelehnt.
Die Gegner wollten sich nur dazu verstehen, eine Friedensstärke
von 450,402 Mann und auch diese nur auf drei Jahre zu bewilligen. Fürst Bismarck beantwortete die Ablehnung mit einer
kaiserlichen Botschaft, welche die Auflösung des Reichstages verfügte. Der Krieg stand damals „auf des Messers Schneide"; die
französische Kriegspartei setzte voraus, daß hinter der Mehrheit des
Reichstages, welche die Militärvorlage abgelehnt hatte, auch das des
Volkes stehe. Jetzt war der Fall eingetreten, den Fürst Bismarck
vorhergesehen hatte. Frankreich glaubte siegen zu können, und damit
war der Krieg in die Nähe gerückt. General Boulanger schritt
sofort zu dessen unmittelbarer Vorbereitung, indem er ohne die
übrigen Minister zu fragen, Kriegsrüstungen ins Werk setzte. Glücklicherweise aber hatte er sich über die Stimmung des deutschen
Volkes gründlich getäuscht. Durch die am 21. Februar 1887
vollzogenen Wahlen für den neuen Reichstag wurde die bisherige Mehrheit, welche die Militärvorlage abgelehnt hatte, zerschmettert. Der neue Reichstag, der am 3. März 1887 zusammentrat, bewilligte schon am 9. März mit 222 gegen 23 Stimmen
in rascher Beschlußfassung ohne Zaudern und bedingungslos die
deutschen Heeresbedürfnisse auf sieben Jahre. Unter ihrem Eindruck fand der Präsident der französischen Republik Grévy endlich
den Mut, gegenüber den Kriegstrebereien Boulangers für die
Fortdauer friedlicher Verhältnisse einzutreten. Als wenige Wochen
darauf im April 1887 die auf deutschem Boden erfolgte Verhaftung des französischen Polizeikommissars Schnäbele der gereizten
Stimmung nochmals neue Nahrung gab, da war Fürst Bismarck
wiederum redlich bemüht, einen friedlichen Ausgleich herbeizuführen

und dadurch dem in seinem Amte bereits wankenden General Boulanger den letzten Vorwand zum Kriege zu nehmen. Die Kriegsgefahr von Westen war kaum beseitigt, als die Beziehungen Deutschlands zu Rußland sich von neuem zu trüben begannen.[*] Mit maßloser Heftigkeit donnerten die russisch-panslawistischen Zeitungen täglich gegen Deutschland und insbesondere gegen den Fürsten Bismarck, indem sie dessen Entlassung oder Krieg zur Wahl stellten. Auch der Zar schien jetzt von tiefem Mißtrauen gegen den deutschen Kanzler erfüllt. Schon im September hatte er von Kopenhagen aus dem Kaiser seinen Gegenbesuch in Stettin machen wollen, aber plötzlich wieder abgesagt, weil er, wie man später erfuhr, noch in letzter Stunde ein Schreiben aus Konstantinopel erhielt, „welches den Fürsten Bismarck sehr bloß zu stellen versuchte." Am 18. November aber kam der Zar doch auf einen Nachmittag nach Berlin. Fürst Bismarck erbat durch den Grafen Schuwalow eine besondere Audienz beim Zaren, die dem Fürsten nachmittags $3\frac{1}{2}$ Uhr vor dem Diner gewährt wurde und über eine Stunde dauerte. Anfangs standen sich die beiden Männer kühl und zurückhaltend gegenüber. Dann wurden sie wärmer, und nun erklärte der Zar dem Fürsten mit großer Offenheit, was er gegen diesen auf dem Herzen habe. Aus einer ganzen Reihe von Depeschen, müsse er, der Zar, folgern, daß Bismarck in der bulgarischen Frage ein Doppelspiel treibe, öffentlich für, insgeheim und in Wahrheit aber gegen Rußland thätig sei. Mit mächtig aufwallender Empörung führte Fürst Bismarck dem Zaren gegenüber den Nachweis, daß man gewagt habe, den Kaiser zu betrügen und daß alle die Urkunden, auf welche der Verdacht des Kaisers sich gründete, gefälscht waren. Es gelang ihm, den Zaren von den friedlichen Absichten Deutschlands von neuem zu überzeugen, während er ihn andererseits darüber nicht im Zweifel ließ, daß wer mit Deutschland in Frieden leben wolle, auch das dem Deutschen Reiche verbündete Österreich nicht angreifen dürfe. Gegen diesen Verbündeten aber schienen die massenhaften Truppenverschiebungen an der österreich-galizischen Grenze gerichtet zu sein, die auch nach jener Unterredung Fürst Bismarcks mit Kaiser Alexander noch fortdauerten. Diese Bedrohung des verbündeten Österreich-Ungarn wurde der unmittelbare Anlaß zur Vorlage eines neuen Wehrgesetzes, das schon am 9. Dezember 1887 im Reichstag eingebracht wurde, und welches durch eine neue Organisation der dienstpflichtigen Jahrgänge, die gleich für den ersten Waffengang bereite Feldarmee um eine halbe Million Krieger verstärkte. Bei der Beratung dieser Wehrvorlage und des dazu gehörigen Anleihegesetzes, die in den Tagen vom 6. bis 10. Februar stattfand, hielt Fürst Bismarck eine seiner denkwürdigsten Reden. Den Hauptinhalt derselben bildete nach einem Rückblick auf die letzten vierzig Jahre die Dar-

---

[*] Anmerkung: Vgl. Hans Blum: Das Deutsche Reich z. Z. Bismarcks S. 525.

legung des Verhältnisses Deutschlands zu Rußland, und Frankreichs zu Österreich und Italien. Dann führte der Kanzler aus: „Troß seiner Einheit und Macht und troß seiner Bündnisse denke Deutschland nicht daran, den Frieden Europas oder auch nur irgend eines seiner Nachbarn zu gefährden, und er halte auch seinerseits an der Hoffnung fest, daß die Nachbarn gleichfalls ihm seinen Frieden halten würden, namentlich Rußland. Aber das beste Mittel zur Erhaltung dieses Friedens und zur Befestigung der deutschen Friedensbündnisse sei die Verstärkung des deutschen Heeres."

Im weiteren Verlaufe der Rede hieß es dann: „Wenn wir in Deutschland einen Krieg mit der vollen Wirkung unserer Nationalkraft führen wollen, so muß es ein Krieg sein, mit dem alle, die ihn mitmachen, alle, die ihm Opfer bringen, kurz und gut, mit dem die ganze Nation einverstanden ist; es muß ein Volkskrieg sein, ein Krieg, der mit dem Enthusiasmus geführt wird wie der von 1870, wo wir ruchlos angegriffen wurden . . . . Dann wird das ganze Deutschland von der Memel bis zum Bodensee wie eine Pulvermine aufbrennen und von Gewehren starren, und es wird kein Feind wagen, mit diesem furor teutonicus, der sich bei dem Angriff entwickelt, es aufzunehmen."

Endlich schloß Bismarck mit den ewig denkwürdigen Worten: „Deshalb möchte ich an das Ausland die Mahnung richten, seine drohenden Zeitungsartikel doch zu unterlassen. Sie führen zu nichts. Wir können durch Liebe und Wohlwollen leicht bestochen werden, vielleicht zu leicht, aber durch Drohungen ganz gewiß nicht. Wir Deutsche fürchten Gott aber sonst nichts in der Welt, und die Gottesfurcht ist es schon, die uns den Frieden lieben und pflegen läßt. Wer ihn aber trotzdem bricht, der wird sich überzeugen, daß die kampfesfreudige Vaterlandsliebe, welche 1813 die gesamte Bevölkerung des damals schwachen, kleinen und ausgesogenen Preußen unter die Fahnen rief, heutzutage ein Gemeingut der ganzen deutschen Nation ist, und daß derjenige, welcher die deutsche Nation irgendwie angreift, sie einheitlich bewaffnet finden wird, und jeden Wehrmann mit dem Glauben im Herzen: Gott wird mit uns sein!"

Im Gegensaß zu der undeutschgesinnten Mehrheit des früheren Reichstags wurde unter dem Eindruck dieser gewaltigen Rede die Wehrvorlage ohne weitere Verhandlung und im ganzen einstimmig angenommen. Ein ungeheurer Beifallssturm brach nach der Feststellung dieses Ergebnisses im ganzen Hause los.

Fürst Bismarck war schon auf der Hinfahrt zum Reichstag von der in den Straßen und vor dem Reichstagsgebäude zu Tausenden angesammelten Menge mit begeisterten Zurufen begrüßt worden. Als er jetzt aus dem Hause trat und, da er seinen Wagen nicht vorfand, zu Fuß nach seinem Palais in der Wilhelmstraße ging, da geleitete ihn die nach Tausenden zählende Volksmenge mit jubelnden, immer erneuten Hurra- und Hochrufen, bis er unter der Thür seines Hauses verschwunden war.

Am 11. Februar schon konnte Kaiser Wilhelm die neue Wehr=
vorlage, am 20. Februar auch das Heeres=Anleihegesetz vollziehen.
Die einmütige Hingebung des Reichstages in diesen Tagen und
Wochen, die einstimmige sofortige Bewilligung aller Bedürfnisse
des Reiches für dessen Sicherstellung gegen jede Gefahr, die es be=
drohen könnte, war die letzte große Stärkung und Freude, welche
diesem verlöschenden Heldenleben beschieden sein sollte!

So hat Fürst Bismarck zwanzig Jahre hindurch als Reichs=
kanzler im Dienste Kaiser Wilhelms I. sich als treuer Hüter des
Friedens bewährt und dem Begründer des Deutschen Reiches geholfen,
das Gelübde einzulösen, mit dem dieser am 18. Januar 1871 die
deutsche Kaiserwürde übernommen hatte: „Allezeit Mehrer des
Deutschen Reiches sein zu wollen nicht an kriegerischen Eroberungen,
sondern an Gütern und Gaben des Friedens auf dem Gebiete
nationaler Wohlfahrt, Freiheit und Gesittung." Von dem gleichen
Streben hat er auch, solange es ihm vergönnt gewesen ist, als
Reichskanzler seines Amtes zu warten, unter den Nachfolgern
Kaiser Wilhelms sich leiten lassen und er selbst hat das von ihm
genommene Amt in die Hand seines Nachfolgers mit dem Bewußt=
sein legen dürfen, daß durch die Friedensliebe, die er bei der
Leitung der Auswärtigen Angelegenheiten des Deutschen Reiches
bewährt hat, dieses Reich zum Hort des Friedens für ganz Europa
geworden war.

Ein weites Gebiet einer ganz neuen Thätigkeit eröffnete sich
dem Fürsten seit Anfang der achtziger Jahre durch die Einleitung
einer deutschen Kolonialpolitik. Ohne die mancherlei kolonialen
Unternehmungen, bei denen der Reichskanzler für die Ehre des
deutschen Namens kräftig eingetreten ist, hier näher zu erörtern,
mag es genügen daran zu erinnern, daß Fürst Bismarck auch auf
diesem Gebiete der deutschen Politik neue Bahnen gewiesen hat.

Der innere Ausbau des neuen Deutschen Reiches.

Hand in Hand mit der Wahrung des Friedens nach außen,
ging der Ausbau des Reiches im Innern. Da galt es vor allem
die deutsche Wehrkraft, von deren Tüchtigkeit und Stärke die Er=
haltung des Friedens abhing, dauernd festzustellen. Dahin zielte
das schon im Jahre 1873 vorbereitete und im Jahre 1874 im
Reichstage vorgelegte Reichsmilitärgesetz, durch welches die Friedens=
präsenzstärke des Heeres neugeregelt werden sollte. Die sogenannte
Fortschrittspartei hatte auch diesmal wieder nicht übel Lust, die
Militärvorlage zum Anlaß zu nehmen, um die parlamentarische
Macht des Reichstages zu erweitern, und es schien, als ob die
Annahme der Vorlage nur um den Preis einer wesentlichen Herab=
setzung der Friedensstärke durchgesetzt werden könnte. Doch rief
diese Haltung der Reichstagsmehrheit in den weitesten Kreisen des
Volkes die größte Entrüstung hervor. Unter dem Eindruck dieser

Stimmung gelang es dem Abgeordneten von Bennigsen, durch einen Vermittelungsvorschlag einen Ausweg zu finden, indem die geforderte Friedenspräsenzstärke nicht einfürallemal, sondern auf sieben Jahre vom 1. Januar 1875 bis 1. Januar 1882 festgestellt wurde. Auch hier war das Zustandekommen eines friedlichen Ausgleichs wesentlich das Verdienst des Reichskanzlers. Den Schlußstein der Wehrgesetz= gebung des Deutschen Reiches bildete das Landsturmgesetz, das den Landsturm aus einem ungeregelten Aufgebot der gesamten Bevölke= rung in eine geordnete und militärisch=organisirte Verwendung aller derjenigen Wehrpflichtigen vom vollendeten 17. bis zum vollendeten 42. Lebensjahre verwandelte, welche weder dem Heere noch der angehören
See Auch die Herbeiführung eines einheitlichen deutschen Rechtes wurde in Angriff genommen. Wichtige Gesetze hatte schon der Norddeutsche Bund einheitlich gestaltet, die seit 1870 auf das ganze Deutsche Reich übertragen worden waren, das Heimatsrecht, der Erwerb der Bundes= und Staatsangehörigkeit, das Genossenschafts= recht, vor allem das Strafrecht durch ein gemeinsames deutsches Reichsstrafgesetzbuch. Nun sollte auch das Verlangen nach einer einheitlichen Regelung des Verfahrens in Zivil= und Strafsachen und nach einer einheitlichen Organisation der deutschen Gerichte mit einem obersten Reichsgericht befriedigt werden.
Vom Jahre 1877 an stand für Bismarck die deutsche Wirt= schaftsreform im Vordergrunde aller anderen Aufgaben, und wir sehen ihn alle seine Kräfte für die Lösung dieser Aufgabe einsetzen. Er hatte bis dahin alle wirtschaftlichen Fragen vertrauensvoll seinem treuen Mitarbeiter, dem Staatsminister Delbrück über= lassen. Aber die von ihm als notwendig erkannte Rückkehr vom un= bedingten Freihandel zum Schutzzoll, die Delbrück mitzumachen sich nicht entschließen konnte, hatte diesen schon im Jahre 1876 genötigt, seinen Abschied zu erbitten. Von nun an nahm Bismarck selbst die Wirtschaftsreform in die Hand. Um für ihre Durchführung freie Hand zu haben, übernahm er selbst neben seinen übrigen zahl= reichen Ämtern im Jahre 1878 auch noch die Leitung des Handels= ministeriums. Er hatte die Überzeugung gewonnen, daß das Frei= handelsystem, welches seit dem deutsch=französischen Handelsvertrage vom Jahre 1861 unsere Zoll= und Handelspolitik beherrschte, für uns, wie er sich ausdrückte, zum „Auszehrungs= und Schwindsuchts= system" geworden sei, und war daher fest entschlossen, mit diesem Systeme zu brechen. Den nächsten und unmittelbaren Anlaß dazu gab ihm die bedrängte Lage der deutschen Eisenindustrie, die nach der Aufhebung aller Eisenzölle in dem Wettbewerb mit dem Aus= lande erliegen mußte. Aber durch die eingehende Beschäftigung mit wirtschaftlichen Fragen hatte er auch die weitere Überzeugung gewonnen, daß das gesamte deutsche Gewerbsleben bei einer zoll= freien Einfuhr fremder Erzeugnisse und daß namentlich auch die Landwirtschaft zu Grunde gehen müsse. Daraus ergab sich für ihn

die unabweisliche Notwendigkeit, die deutschen Erzeugnisse durch Eingangszölle gegen das Ausland zu schützen, und mit der ihm immer eigenen Thatkraft ging er sofort an die Verwirklichung seiner neuen volkswirtschaftlichen Pläne. Am 15. Dezember 1878 erließ er von Friedrichsruh aus eine Denkschrift an den Bundesrat, welche seine gesamte Wirtschaftsreform überaus klar darlegte. Sie wurde am Vorabend des Weihnachtsfestes 1878 veröffentlicht und erregte allerwärts ein ungeheures Aufsehen. Brachte sie doch zum erstenmal dem ganzen Volke völlige Klarheit über Bismarcks Wirtschaftsreformpolitik. Der Raum gestattet uns nicht, hier näher auf den Verlauf der langwierigen erbitterten Kämpfe einzugehen, welche die Durchführung dieser Wirtschaftsreform hervorgerufen hat.

Im unmittelbaren Zusammenhang mit derselben stand nach Bismarcks Plan die Umgestaltung des Reichsfinanzwesens. Fürst Bismarck erstrebte eine Gestaltung der Einnahmen des Reiches, durch welche das Reich in die Lage versetzt werden sollte, seine Bedürfnisse aus eigenen Einnahmen zu decken, ohne auf die Beiträge der einzelnen Bundesstaaten angewiesen zu sein. Als die ergiebigste Quelle für die eigenen Einnahmen des Reiches erschien ihm die Einführung des Tabakmonopols. Aber selbst im Bundesrat stieß dieselbe auf den entschiedensten Widerstand, und nachdem es dem Reichskanzler gelungen war, eine wenn auch geringe Mehrheit des Bundesrates für dasselbe zu gewinnen, wurde die dem Reichstag in dieser Beziehung gemachte Vorlage mit einer geradezu erdrückenden Mehrheit abgelehnt. Das dem Kanzler vorschwebende Ziel, die Finanzen des Reiches von denen der Einzelstaaten unabhängig zu machen, ist bis heute noch nicht erreicht worden, aber das bleibende Verdienst des Fürsten Bismarck ist es, den Weg zu diesem Ziele angebahnt und die wirtschaftliche Politik durch die Änderung des Zolltarifs auf wahrhaft nationale Grundlage gestellt zu haben.

Hand in Hand mit den Reformen, die Fürst Bismarck auf dem wirtschaftlichen Gebiete teils durchgeführt, teils angebahnt hat, gehen die dem Wohle der arbeitenden Klassen und der Verbesserung ihrer Lage gewidmeten Bestrebungen, für die Fürst Bismarck ebenfalls mit der ganzen Kraft seines persönlichen Einflusses eingetreten ist. Den nächsten Anlaß, die sozialen Bestrebungen in die Hand zu nehmen und den arbeitenden Klassen seine Fürsorge zu widmen, gaben ihm die immer dreister auftretenden sozialdemokratischen Umtriebe. Von einer Reichstagwahl zur anderen schwoll die Zahl der abgegebenen sozialdemokratischen Stimmen immer mehr an. In der schamlosesten Weise feierte die vaterlandslose Gesinnung in den sozialdemokratischen Versammlungen die wüstesten Orgien. Die sozialdemokratische Presse schoß überall Giftpilzen gleich in die Höhe. Den bestehenden gesellschaftlichen Verhältnissen wurde immer offener der Krieg erklärt. Einer der sozialdemokratischen Führer wagte auf der Tribüne des Reichstages es offen auszusprechen, daß der Fürstenmord an und für sich kein größeres Verbrechen sei, als wenn man einen gewöhnlichen Menschen aus der Welt schaffe. Es waren geradezu teuflische Lehren, die in der sozialdemokratischen Presse und in den Reden der Parteiführer tagtäglich dem Volke verkündet wurden. Bismarck täuschte sich nicht über die Gefahr dieses wüsten gottlosen Treibens. Als nun gar die im Mai und Juni 1878 schnell aufeinanderfolgenden Attentate auf das geheiligte Haupt des ehrwürdigen Kaisers Wilhelm die letzten Ziele dieser ruchlosen Partei offenbar werden ließen und ganz Deutschland um das Leben des auf den Tod verwundeten Kaisers zitterte, da stand es für Bismarck fest, daß diesem Treiben nicht länger mit verschränkten Armen zugesehen werden dürfe. Schon unmittelbar nach dem Mordversuch, den Hödel am 11. Mai 1878 gegen die geheiligte Person des Kaisers unternommen hatte, gab Fürst Bismarck die Weisung zur Vorlage eines Gesetzes gegen die Sozialdemokratie. Aber der in großer Eile vorgelegte Entwurf eines solchen Gesetzes enthielt so außerordentlich dehnbare Bestimmungen, daß für ihn eine Mehrheit nicht zu gewinnen war. Infolgedessen wurde am 24. Mai der Reichstag aufgelöst und dem neugewählten Reichstage der neue Entwurf eines Sozialistengesetzes vorgelegt, durch welches alle sozialdemokratischen Vereine und Versammlungen, Bücher und Zeitungen aufs strengste verboten wurden. Das Gesetz sollte zunächst nur bis zum 1. März 1881 gelten. Doch ist von späteren Reichstagen seine Giltigkeitsdauer wiederholt verlängert worden, so daß es bis zum Oktober 1890 in Kraft geblieben ist. Fürst Bismarck ließ es aber nicht dabei bewenden, wider die sozialdemokratischen Ausschreitungen gesetzliche Schranken zu errichten, sondern es war ihm eine Gewissenspflicht zugleich den berechtigten Klagen der Arbeiter Abhilfe zu gewähren. Manche Forderungen der Sozialisten waren ihm längst als berechtigte erschienen, und er hielt es für ein Gebot der Staatsweisheit, daß der Staat sich diesen Forderungen gegenüber nicht schlechthin ablehnend verhalten dürfe, sondern zu ihrer Verwirklichung die Hand bieten müsse. Die arbeiterfreundliche Gesetzgebung, die er unmittelbar nach dem Zustandekommen des Sozialistengesetzes in Angriff nahm, war ihm eine notwendige Ergänzung der letzteren. Der erste Schritt in dieser Richtung war der Entwurf eines Gesetzes, welches die Versicherung der Arbeiter gegen die Folgen von Unfällen bezweckte, und der schon am 15. Januar 1881 dem Bundesrat vorgelegt und von diesem am 1. April des genannten Jahres dem Reichstage zur Beratung und Beschlußfassung übergeben wurde.

In einer der bedeutsamen Reden, mit denen Fürst Bismarck diesen Gesetzentwurf behandelte, gebrauchte er zuerst den seitdem zu einem Losungswort der Zeit gewordenen Ausdruck: „Praktisches Christentum." „Meines Erachtens," so fügte er zur näheren Erläuterung desselben hinzu, „muß ein Staat, der in seiner großen Mehrheit aus Christen besteht, von den Grundsätzen der Religion, zu der wir uns bekennen, namentlich in Bezug auf die Hilfe, die man den Nächsten leistet, in Bezug auf das Mitgefühl mit dem Schicksale, dem alte leidende Leute entgegengehen, sich durchdringen lassen."

Nachdem der vorgelegte Entwurf aus der Beschlußfassung des Reichstages in so verstümmelter Gestalt hervorgegangen war, daß der Bundesrat dem Gesetze in dieser Fassung seine Zustimmung versagte, wurde der am 27. Oktober 1881 neugewählte Reichstag mit der berühmten kaiserlichen Botschaft vom 17. November 1881 eröffnet, von der wir jetzt wissen, daß Fürst Bismarck nicht nur der Urheber der leitenden Gedanken, sondern auch der Form und Fassung dieser denkwürdigen Worte kaiserlicher Kundgebung gewesen ist. Mit feierlichen Worten bekannte sich der hochbetagte Kaiser Wilhelm in dieser Botschaft zu den auf eine Verbesserung der Lage der arbeitenden Klassen gerichteten Bestrebungen. Wenn auch die hochherzigen Worte der kaiserlichen Botschaft, die man mit Recht als das Vermächtnis des ehrwürdigen Kaisers bezeichnet hat, in den weitesten Kreisen des Volkes einen tiefen Eindruck machten, so wurde doch auch ein zweiter dem neuen Reichstage vorgelegter Entwurf eines Unfallversicherungsgesetzes abermals abgelehnt. Endlich gelang auf Grund eines dritten Entwurfs das Zustandekommen eines Unfallversicherungsgesetzes, das am 27. Juni 1884 mit überwältigender Mehrheit vom Reichstag angenommen wurde. Schon vorher und bei weitem leichter als dieses war ein die Krankenversicherung der Arbeiter betreffendes Gesetz vom Reichstag angenommen worden, das den Arbeiter in Krankheitsfällen wenigstens vor den drückendsten Sorgen bewahren soll. Diesen beiden der Fürsorge für die arbeitenden Klassen gewidmeten Gesetzen ist dann als drittes, freilich erst nach dem Heimgang Kaiser Wilhelms, aber als letzte bedeutsame That des Reichskanzlers Fürst Bismarck am 22. Juni 1889 das Invaliden- und Altersversorgungsgesetz gefolgt. Der Arbeiter sollte dadurch in den Tagen seines Alters und der Arbeitsunfähigkeit, wenn auch der gute Wille zur Arbeit nicht mehr ausreicht, vor Not und Verarmung geschützt werden. Bei all diesen umfassenden und schwierigen gesetzgeberischen Arbeiten ist der Staatsminister und Staatssekretär im Reichsamt des Innern von Boetticher der treue und unermüdliche Mitarbeiter des Fürsten Bismarck gewesen, in dessen Stellvertretung er auch den Vorsitz im Bundesrate zu führen hatte.

Alle diese dem weiteren Ausbau des deutschen Reiches im Innern geltenden Arbeiten, die neben der aufreibenden Fürsorge für die Erhaltung des Friedens nach außen bewältigt werden mußten, sind dem Fürsten Bismarck noch durch den erbitterten Haß der Parteien erschwert worden, die er der Reihe nach zu bekämpfen gehabt hat. Das neue Deutsche Reich war kaum errichtet, da entbrannte ein heftiger Streit über die Rechtsansprüche des Staates gegenüber der katholischen Kirche, der sogenannte Kulturkampf.

Den nächsten Anlaß zu demselben gab das Verhalten der katholischen Partei, die sich unter dem Namen des Centrums gebildet hatte und unter der Führung des welfischgesinnten ehemaligen hannoverschen Ministers Windthorst stand. Sie stellte das Ansinnen, daß Kaiser und Reich ihre neugewonnene Macht dazu verwenden sollten, die weltliche Herrschaft des römischen Stuhles wieder herzustellen, die Papst Pius IX. durch die Einverleibung Roms und die letzten Restes des Kirchenstaates in das geeinigte Italien verloren hatte. Diesem Verlangen wurde keine Folge gegeben, denn Fürst Bismarck konnte es nicht als eine Aufgabe des jungen deutschen Reiches ansehen, für die Wiederherstellung des Kirchenstaates einzutreten und sich damit der Gefahr unabsehbarer äußerer Verwickelungen auszusetzen. Infolge der ablehnenden Haltung, die Bismarck dieser Zumutung gegenüber einnahm, gab sich in den Kreisen der katholischen Partei von Anfang an eine tiefe Mißstimmung gegen Kaiser und Reich kund, die schon in den Verhandlungen des ersten, am 21. März 1871 eröffneten Reichstages zum Ausdruck kam. Diese Mißstimmung steigerte sich, als sich in Preußen die Folgen des von dem vatikanischen Konzil beschlossenen Unfehlbarkeitsdogmas bemerklich zu machen begannen. Preußische Bischöfe fingen an, Mitglieder ihrer Kirche, die nicht gewillt waren, dem Unfehlbarkeitsdogma sich zu unterwerfen, öffentlich zu exkommunizieren und den vom Staat eingesetzten und anerkannten Religionslehrern ohne Einvernehmen mit der Staatsbehörde die Erlaubnis zur Erteilung des Religionsunterrichtes zu entziehen. Der Staat konnte sich diese Eingriffe in seine Rechte nicht gefallen lassen. Mit großer Entschiedenheit ist Bismarck im Verlaufe des zwischen Staat und Kirche entbrannten Kampfes in gewaltigen Reden für die Rechte des ersteren eingetreten. Am bekanntesten ist der Ausspruch geworden, den er schon in den ersten Anfängen des Kulturkampfes gethan hat, als im Reichstage bei der Beratung des Reichshaltsgesetzes der Posten einer Gesandtschaft beim päpstlichen Stuhle in Beratung stand. Die Regierung hatte in der Meinung dadurch einen besonders versöhnlichen Schritt zu thun den Kardinal Hohenlohe für diesen Posten ausersehen. Aber der Papst hatte diese Ernennung zurückgewiesen. Bei diesem Anlaß war es, daß Fürst Bismarck unter dem jubelnden Beifall des ganzen deutschen Volkes die Versicherung abgab: **„Seien Sie außer Sorge, nach Canossa gehen wir nicht weder körperlich noch geistig."** Man hat wohl manchmal gemeint, daß Fürst Bismarck diesem Versprechen in seinem späteren Verhalten untreu geworden sei. Aber doch sehr mit Unrecht, wenn er auch in der späteren Beilegung des Kulturkampfes bis an die äußerste Grenze der staatlich möglichen Versöhnlichkeit gegangen ist. Der Gang nach Canossa ist erst einer späteren Zeit vorbehalten gewesen.

Durch den Kampf mit der katholischen Kirche, durch das Schulaufsichtsgesetz und so manche Bestimmungen der Maigesetze, von denen die evangelische Kirche unnötigerweise mitbetroffen wurde,

hatte sich Fürst Bismarck auch zum großen Teil seine ehemaligen
konservativen Parteigenossen entfremdet. Als diese Entfremdung
seiner alten Freunde im Jahre 1872 immer offener hervortrat,
war die Gesundheit des Fürsten Bismarck tief erschüttert. Er
fühlte sich nicht kräftig genug, neben der auswärtigen Politik des
Deutschen Reiches auch die inneren Kämpfe des preußischen Ministerpräsidenten, namentlich gegen die eigenen Parteigenossen, durchzuführen, und erbat daher vom Könige seine Entlassung aus diesem
Amte und die Ernennung Roons zum preußischen Ministerpräsidenten, während er selbst Reichskanzler und Auswärtiger
Minister blieb. Doch hatte sich diese Teilung nicht als ersprießlich
erwiesen. Als am 9. November 1873 Graf Roon den wiederholt
erbetenen Abschied erhielt, übernahm Bismarck von neuem die
Geschäfte des Ministerpräsidenten. Aber nur in erhöhtem Maße
setzte ein Teil der Konservativen, die aus früheren Freunden zu
erbitterten Gegnern des Fürsten Bismarck geworden waren, die
Umtriebe gegen ihn fort. Die „Deutsche Reichsglocke", ein nichtswürdiges Blatt, zu welchem namhafte Männer der konservativen
Partei Beziehungen hatten, scheute sich nicht, die elendesten Verleumdungen gegen den Fürsten in Umlauf zu setzen. Selbst in
der nächsten Umgebung des Kaisers hatte Fürst Bismarck mit
fortwährenden Schwierigkeiten zu kämpfen. Dazu kam, daß der
Reichskanzler bei der von ihm geplanten Wirtschaftsreform, gerade
bei denen, auf deren Mitwirkung er angewiesen war, auf Widerstand stieß. Alle diese Vorgänge und noch manche andere Gründe,
die hier nicht zu erörtern sind, bewogen den Fürsten Bismarck, im
April 1877 den Kaiser um seine Entlassung aus allen seinen
Ämtern zu bitten. Es ist bekannt, wie dieser mit dem entscheidenden
„Niemals," das er auf das ihm eingereichte Entlassungsgesuch schrieb,
dem Deutschen Reiche seinen Reichskanzler, sich selbst den bewährtesten Ratgeber erhalten hat. Seitdem hat Fürst Bismarck
trotz aller Angriffe, denen er von seiten der Ultramontanen und
der Fortschrittspartei, von den Sozialdemokraten ganz zu schweigen,
unaufhörlich ausgesetzt gewesen ist, bis zu seiner Entlassung treu
im Dienste des Kaisers ausgehalten, wie schwer es ihm auch oft
mag geworden sein, die Nadelstiche zu ertragen, mit denen diese
Parteien bei jeder sich darbietenden Gelegenheit ihn zu ärgern wußten!

Fest= und Ehrentage.

Auch die Jahre nach den großen Erfolgen und Siegen des
deutsch=französischen Krieges und der Begründung des Deutschen
Reiches haben dem Fürsten Bismarck noch manchen hohen Festtag
gebracht, in dessen Feier er den Lohn treuer Arbeit sehen durfte.
Als am 2. September 1873 die Siegessäule auf dem Königsplatze
zu Berlin enthüllt wurde, galt der erste Dank des Kaisers seinem
Reichskanzler, der den deutschen Heeren den Weg zu den Siegen,

zu deren Erinnerung das Denkmal errichtet ist, gebahnt hat. Hier
sei auch gleich der Verleihung des Ordens pour le mérite gedacht,
den Kaiser Wilhelm I. dem Fürsten Bismarck am Sedantage des
Jahres 1884 mit Worten übersandte, die den Geber nicht minder
als den Empfänger ehrten.

Zu diesen kaiserlichen Anerkennungen der militärischen Ver=
dienste des Fürsten Bismarck ist auch die schon früher am
22. März 1876 erfolgte Ernennung desselben zum General der
Kavallerie zu zählen. Wir erwähnen ferner die am 1. Oktober 1879
erfolgte feierliche Eröffnung des Reichsgerichtes zu Leipzig, durch
welche mit der Einheit der Rechtspflege neben der Einheit des
Heerwesens, der Auswärtigen Angelegenheiten und des öffentlichen
Verkehrswesens der vierte Grundpfeiler der deutschen Einheit auf=
gerichtet wurde. Auch die Gründung der Universität Straßburg,
dieser Pflanzstätte deutschen Wesens in den neuerworbenen Reichs=
landen, im April 1872 und die spätere feierliche Einweihung der
neuen Hochschule durfte Fürst Bismarck als Ehrentage für sich
in Anspruch nehmen. Und welch einen großen, wenn nicht den
größten Anteil durfte er sich an der erhebenden nationalen Feier
zuschreiben, mit welcher am 28. September 1883 das Niederwald=
Denkmal eingeweiht wurde. Leider gestattete sein Gesundheits=
zustand es ihm nicht, demselben persönlich beizuwohnen. Nicht lange
darnach durfte Fürst Bismarck am 9. Juni 1884 zu dem noch
großartigeren Denkmal, das der Wiederherstellung des Deutschen
Reiches und der Einigung des deutschen Vaterlandes in dem Bau
eines Reichstagsgebäudes erstehen soll, den Grundstein legen helfen.
Am herrlichsten und großartigsten aber hat sich die dankbare Liebe
und Verehrung des deutschen Volkes für den ersten Kanzler des
neuerstandenen Deutschen Reiches bei der Feier des 70. Geburts=
tages des Fürsten Bismarck am 1. April 1885 kundgegeben. Vom
Kaiser und den deutschen Reichsfürsten bis in die Kreise der Arbeiter
hinab wetteiferte alles, was deutsch dachte und fühlte, um an
diesem Tage der Dankbarkeit für die Verdienste des Reichskanzlers
einen lauten Ausdruck zu geben. Der schönste und ruhmvollste
Ausdruck dieses Dankes war vor allem das Kaiserliche Handschreiben,
mit welchem der Kaiser dem Fürsten am frühen Morgen seines
Ehrentages das berühmte Bild Anton von Werners: „Die Ver=
kündigung des neuen deutschen Kaisertums zu Versailles“ übersandte.
In sinniger Weise wollte dadurch der Kaiser den Gefeierten an
das Höchste erinnern, was er ihm hatte erringen helfen. Daneben
ließ es sich der Kaiser nicht nehmen, vom Großherzog von Baden,
vom Kronprinzen und den anderen Prinzen des Königshauses begleitet,
dem treuen Reichskanzler auch persönlich seine Glückwünsche dar=
zubringen. Mit bewegter, von Rührung unterbrochener Stimme
dankte ihm der greise Monarch für die vielen und hohen Verdienste,
die sich der Kanzler durch sein langjähriges, erfolgreiches Wirken
erworben habe. Er bat ihn, auch ferner auszuharren. Tief bewegt

erwiderte der Fürst: „Ich habe nie ein höheres Glück gekannt, als Euer Majestät und dem Lande zu dienen, und so wird es auch für den Rest meines Lebens sein. Was ich geleistet, habe ich nur leisten können durch das Vertrauen, welches Eure Majestät mir stets geschenkt haben."

Aber auch das deutsche Volk schloß sich dem Kaiser mit einem Ehrengeschenke an. Die in allen Teilen Deutschlands dafür veranstalteten Sammlungen hatten einen Ertrag von nahezu drei Millionen Mark ergeben. Mit einem Teile dieser Summe wurde der im Laufe der Zeit für die Familie Bismarck verloren gegangene Teil des Stammgutes Schönhausen zurückgekauft. Außer dem Besitztitel dieses Erwerbs konnte dem Fürsten noch ein Betrag von 1,200000 Mark zur Verfügung gestellt werden, den er zur Errichtung einer „Schönhauser" Stiftung verwendete, aus welcher Kandidaten des höheren Lehramts, die Bildner und Erzieher der deutschen akademischen Jugend, in der Zeit nach ihrer Staatsprüfung und vor ihrer Anstellung Unterstützungen von jährlich 1000 Mark, und zwar längstens sechs Jahre lang, erhalten sollen.

Im Dreikaiserjahre.

Schon im Jahre 1887 deuteten manche Anzeichen darauf hin, daß Kaiser Wilhelms Erdentag sich seinem Ende zuzuneigen begann. Bei der Grundsteinlegung zum Bau des Nord=Ostseekanals am 3. Juni 1887, der letzten öffentlichen Feier von allgemeiner nationaler Bedeutung, an welcher Kaiser Wilhelm teilnehmen durfte, hatte er sich eine Erkältung zugezogen. Seitdem war seine bisher so eiserne Gesundheit dauernd erschüttert. Dazu kam die Sorge um den einzigen geliebten Sohn und Thronfolger, den von tückischer, tödlicher Krankheit befallenen deutschen Kronprinzen, die seit dem Mai schwer auf seinem Vaterherzen lastete. Durch die Nachrichten, welche von dem während des Sommers in England, dann in Toblach und zuletzt in San Remo weilenden Kronprinzen einliefen, steigerte sich diese Sorge von Monat zu Monat. Eine weitere tiefe Gemütserschütterung wurde ihm durch den ganz unerwarteten Tod eines geliebten Enkelsohnes, des hoffnungsvollen Prinzen Ludwig Wilhelm von Baden, bereitet. Am 4. März 1888 warf den tiefgebeugten Kaiser ein heftiger Anfall seines alten Nierenleidens auf das Krankenlager, von dem er nicht mehr aufstehen sollte. Die schmerzlichen Vorgänge der folgenden Tage leben so frisch in aller Erinnerung, daß sie hier einer weiteren Wiederholung nicht bedürfen. Am 8. März durfte der Reichskanzler zum letztenmal seinem Kaiser die Hand drücken, der den Wunsch ausgesprochen hatte ihn zu sehen und unter Worten des Dankes und der Anerkennung die politische Lage mit ihm erörterte. Nachdem der Kaiser am 9. März vormittags ¹/₂ 9 Uhr verschieden war, erschien Fürst Bismarck im Reichstag, um mit zitternder Stimme und Thränen im Auge zunächst die

— 57 —

amtliche Mitteilung von dem Heimgange des großen Kaisers und von dem Regierungsantritt Kaiser Friedrichs III. zu überbringen. Er teilte dem Reichstag mit, daß der letzte Regierungsakt des Heimgegangenen die Vollziehung der allerhöchsten Ermächtigung zum Schluß des Reichstages gewesen sei. Er machte aber von diesem historischen Aktenstück jetzt nur den Gebrauch, es zu den Akten zu geben. Aufs tiefste erschüttert machte Fürst Bismarck seinem gepreßten Herzen dann in einer Ansprache Luft, die mit den Worten schloß: „Die heldenmütige Tapferkeit, das nationale hochgespannte Ehrgefühl und vor allen Dingen die treue, arbeitsame Pflichterfüllung im Dienste des Vaterlandes und die Liebe zum Vaterlande, die in unserem dahingeschiedenen Herrn verkörpert waren: mögen sie ein unzerstörbares Erbteil unserer

Bismarck verkündet dem Reichstag den Tod Kaiser Wilhelms.

Nation sein, das der aus unserer Mitte geschiedene Kaiser uns hinterlassen hat! Das hoffe ich zu Gott, daß dieses Erbteil von uns allen, die wir an den Geschäften des Vaterlandes mitzuwirken haben, in Hingebung, Arbeitsamkeit und Pflichttreue treu bewahrt wird!"

Als der Reichskanzler seine oft durch lautes Schluchzen unterbrochene Rede geendet hatte, lehnte er sich in seinen Sessel zurück, sein Gesicht mit der Hand bedeckend. Tiefes ernstes Schweigen, eine lange lautlose Pause folgte. — — — Diejenigen, welche

Bismarck bei Kaiser Friedrich.

gehofft hatten, Kaiser Friedrich werde seine Regierung mit der Entlassung des Fürsten Bismarck beginnen, erlebten jetzt eine bittere Enttäuschung. Denn die allererste Regierungshandlung des neuen

— 58 —

Kaifers war ein Dankschreiben an den Reichskanzler und das Staatsministerium, das mit den Worten schloß: „Ich rechne auf Ihrer Aller Beistand bei der schweren Aufgabe, die Mir wird." Fürst Bismarck reiste mit dem gesamten preußischen Staats- ministerium dem neuen Kaiser bis Leipzig entgegen und geleitete ihn von da in seinem Salonwagen bis nach Charlottenburg. Alle Versuche, die von deutsch-freisinniger Seite gemacht wurden, den Fürsten Bismarck durch Verleumdung an allerhöchster Stelle womöglich zu Falle zu bringen, erwiesen sich als erfolglos. Auch der Widerspruch, den Fürst Bismarck gegen die geplante Vermählung der Prinzessin Viktoria mit dem Fürsten von Bulgarien, dem Prinzen Alexander von Battenberg einlegte, vermochte das gute Einvernehmen mit dem Kaiser Friedrich nicht zu zerstören. Etwa auftauchende Meinungsverschiedenheiten wurden seitens der Maje- stäten mit dem Kanzler in freundlichster Weise verhandelt. Nur 99 Tage währte die kurze Regierung des stillen Dulders auf dem Throne. Am 15. Juni 1888 trauerte Deutschland abermals an der Bahre eines Kaisers. Unter den Tugenden, die Kaiser Friedrich in der kurzen ihm zur Regierung vergönnten Frist geübt hat, darf nicht als die letzte seine Selbstbeherrschung und Selbstüberwindung hervorgehoben werden, daß er, welcher das Bedürfnis und die Befähigung zu selbstherrlicher Regierung so lebhaft und hoheitsvoll in sich trug wie kaum ein anderer Hohenzoller seit den Tagen des großen Friedrich, sich sicher leiten ließ durch den treu erprobten Diener seines Vaters, den Fürsten Bismarck, und zwar obwohl Kaiser Friedrich über gar manche Frage zeit seines Lebens ganz anderer Meinung gewesen und geblieben war als sein Reichskanzler.[*]

Das Verhältnis des nunmehrigen jungen Kaisers Wilhelm II. zu Fürst Bismarck war schon längst ein überaus herzliches. War er doch schon als Prinz Wilhelm ein begeisterter Bewunderer des Reichskanzlers und seiner Politik gewesen, und als Kronprinz hatte er dieser Begeisterung in einem Trinkspruch, den er am 1. April 1888 beim Festmahl am Geburtstag des Reichskanzlers ausbrachte, einen unzweideutigen Ausdruck gegeben. „Um mich eines militärischen Bildes zu bedienen," so führte der Kronprinz in diesem Trinkspruch aus, „so sehe ich unsere jetzige Lage an, wie ein Regiment, das zum Sturm schreitet. Der Regimentskommandeur ist gefallen, der nächste, obwohl schwer getroffen, reitet noch kühn voran. Da richten sich die Blicke auf die Fahne, die der Träger hoch empor- schwenkt. So halten Ew. Durchlaucht das Reichspanier empor. Möge es, das ist unser innigster Herzenswunsch, Ihnen noch lange vergönnt sein, in Gemeinschaft mit unserem geliebten und verehrten Kaiser das Reichsbanner hochzuhalten. Gott segne und schütze denselben und Ew. Durchlaucht!"

---

[*] Anmerkung. Vgl. Dr. Hans Blum: Das Deutsche Reich zur Zeit Bismarcks. Seite 562.

— 59 —

In allen Kundgebungen, mit denen der junge Kaiser seine Regierung antrat, betonte er mit Nachdruck den Entschluß, seine Regierung im Sinn und Geist seines heimgegangenen Großvaters führen zu wollen. Einen beredten Beweis seiner Huld und Zuneigung gab der Kaiser dem Fürsten Bismarck, als er am 25. Juni, umgeben von allen deutschen Fürsten, den Reichstag eröffnete. Als er dem Kanzler nämlich die Thronrede nach deren Verlesung zurückgab, reichte er ihm vom Throne herab die Hand, indem er die des Kanzlers kräftig schüttelte. Bismarck erwiderte den Händedruck; im nächsten Augenblick aber drückte er in sichtlicher Bewegung einen Kuß auf die Rechte des Kaisers. Wie Kaiser Wilhelm II. im vollen Einverständnis mit dem Reichskanzler durch seine Besuche bei einer Reihe befreundeter Herrscher seine Friedensliebe bekundete, so erwies er in demselben Einverständnis seine maßvolle Haltung in der inneren Politik und im Kampfe der Parteien. So bestätigte er gewiß nicht ohne den Rat des Fürsten Bismarck die Berufung des Professor D. Harnack nach Berlin, welche die streng orthodoxe Richtung

Die Reichstagseröffnung von Kaiser Wilhelm II.

mit allen Mitteln zu hintertreiben versucht hatte. Zum Dank dafür verlieh die Universität Gießen dem Fürsten Bismarck den Ehrentitel eines Doktors der Theologie.

Der größte Erfolg auf dem Gebiete der inneren Politik und Gesetzgebung, den Bismarck in den ersten Jahren der Regierung Kaiser Wilhelms II. noch zu verzeichnen hatte, war das Zustandekommen des bereits erwähnten Invaliditäts= und Altersversicherungsgesetzes.

Die Entlassung des Fürsten Bismarck.

Noch am letzten Tage des Jahres 1889 hatte Kaiser Wilhelm an den Reichskanzler ein huldvolles Telegramm gerichtet, das die Worte enthielt: „Ich bitte Gott, er möge Mir in Meinem schweren und verantwortungsvollen Amte Ihren treuen und erprobten Rat noch lange Jahre erhalten." Um so weniger konnte man ahnen, daß das gute Einvernehmen zwischen Kaiser und Kanzler schon so bald ein jähes Ende finden sollte. Es kann hier nicht unsere Aufgabe sein, die Gründe zu untersuchen, durch welche dieses Einvernehmen gestört worden ist, und den Einflüssen nachzuspüren, die zu der Lockerung desselben beigetragen haben. Hier haben wir es nur mit der schmerzlichen Thatsache zu thun, daß schon in den ersten Monaten des Jahres 1890 ernste Meinungsverschiedenheiten zwischen dem Kaiser und dem Reichskanzler hervorzutreten begannen.

Dieselben machten sich zunächst auf dem Gebiete der sozialen Gesetzgebung geltend. Während Fürst Bismarck auf eine abermalige Verlängerung des zur Abwehr der sozialdemokratischen Bestrebungen gerichteten Gesetzes den größten Wert legte, verlautet, daß sich der Kaiser für die Aufhebung dieses Ausnahmegesetzes ausgesprochen habe. Der Kaiser wünschte in der Frage des Arbeiterschutzes ein rascheres Vorgehen, während Fürst Bismarck das Werk der sozialpolitischen Gesetzgebung mit dem Abschluß des Altersversicherungsgesetzes vorläufig an einem Ruhepunkte angekommen sah und weitere sozialpolitische Fragen erst später in Angriff genommen zu sehen wünschte.

Aber trotz dieser abweichenden Meinung versagte Fürst Bismarck diesen Bestrebungen des Kaisers seine Mitwirkung nicht. Wenn auch die kaiserlichen Erlasse vom 4. Februar 1890, in denen der Kaiser den Entschluß kund gab, die Frage des Arbeiterschutzes durch eine internationale Konferenz und in der inneren Gesetzgebung Preußens und des Reiches durch Vorberatungen des preußischen Staatsrates in Angriff zu nehmen, ohne die Gegenzeichnung des Reichskanzlers erschienen, so war es doch gerade Fürst Bismarck gewesen, der zu beiden Maßregeln den Rat erteilt hatte. Er hatte dies in der Hoffnung gethan, daß der Verlauf dieser Beratungen dazu führen würde, voreiligen und unausführbaren Unternehmungen auf dem Gebiete des Arbeiterschutzes vorzubeugen. Als aber der Kaiser in diesen Fragen ohne Mitwissen des Fürsten Bismarck von anderen Ministern sich beraten ließ, glaubte Fürst Bismarck als Ministerpräsident dagegen Einspruch erheben zu müssen. Hatte der Kaiser darin schon eine Beeinträchtigung seiner monarchischen Rechte gesehen, so wurde seine Verstimmung gegen den Reichskanzler dadurch noch gesteigert, daß Fürst Bismarck den Reichstagsabgeordneten Windthorst, den Führer des Zentrums, zu einer Unterredung empfangen hatte, über deren Inhalt dem Kaiser Gerüchte in bismarckfeindlichem Sinne hinterbracht worden waren. Der Kaiser erschien persönlich beim Reichskanzler, um über den Inhalt jenes Gespräches Auskunft zu fordern. Diesen Anspruch wies Bismarck mit der Erklärung zurück, daß er seinen Verkehr mit Abgeordneten keiner Aufsicht unterwerfen lasse. Dadurch war der Bruch zwischen beiden unheilbar geworden. Am frühen Morgen des 17. März entsandte der Kaiser den General von Hahnke zu Bismarck mit dem Auftrag: „Der Kaiser erwarte das Entlassungsgesuch des Fürsten."

Der letztere erwiderte ungefähr, daß es ja in des Kaisers freiem Ermessen stehe, ihm jederzeit seine Entlassung zu geben, daß aber ein vom Fürsten eingereichtes Entlassungsgesuch ein falsches geschichtliches Bild der Sachlage geben würde.

Hierauf erschien noch am nämlichen Tage der Chef des Zivilkabinets von Lucanus bei Bismarck mit dem direkten Befehle des Kaisers bis zu einer bestimmten Stunde Allerhöchstdemselben sein Entlassungsgesuch zu unterbreiten. Diesem bestimmten Befehl des Kaisers hatte der Fürst natürlich nichts mehr entgegen zu setzen. Nur erbat er sich so lange Frist, um in einer ausführlichen Eingabe die Gründe darlegen zu können, welche ihm, wenn nicht der bestimmte Befehl des Kaisers vorläge, den Rücktritt bei der augenblicklichen politischen Lage nicht würde erlaubt erscheinen lassen. Diese Denkschrift wurde dem Kaiser gegen Mittag des 20. März zugestellt; wenige Stunden darauf erschienen Herr von Lucanus und General von Hahnke beim Fürsten Bismarck, um ihm die Entlassung aus allen seinen Ämtern zu bringen. Das kaiserliche Schreiben, mit welchem ihm diese Entlassung erteilt wurde, lautete an seinem Schlusse:

„Ich entspreche Ihrem Wunsche, indem ich Ihnen den erbetenen Abschied .... in Gnaden und in der Zuversicht erteile, daß Ihr Rat und Ihre Thatkraft, Ihre Treue und Hingebung auch in Zukunft Mir und dem Vaterlande nicht fehlen werden."

Zugleich wurde dem Fürsten die Würde eines Herzogs von Lauenburg verliehen und das lebensgroße Bildnis des Kaisers versprochen. Am 26. März verabschiedete sich Fürst Bismarck im Kaiserschlosse. Als er nach $^1/_2$11 Uhr vormittags, in der Uniform und Mütze des Kürassierregiments von Seydlitz und mit dem Bande des schwarzen Adlerordens angethan, in seinem von vier berittenen Schutzleuten begleiteten Kabriolett die Linden entlang zum Königsschlosse fuhr, da strömte das Volk im Sturmeslaufe von allen Seiten, aus allen Zugangsstraßen herbei, um ihm in einer Weise zu huldigen, wie es gewaltiger und ergreifender noch nicht gesehen worden ist.

Fast anderthalb Stunden dauerte der Aufenthalt des Fürsten im Schlosse. Zunächst erschien beim Eintritt die Kaiserin mit den Prinzen. Sie nahm herzlichen Abschied von dem Entlassenen. Aufs schmerzlichste bewegt, drückte sie dem treuen Manne fest die Hand und rief ihm tief ergriffen zu: „Leben Sie wohl!" Die Prinzen stimmten in den Ruf mit ein. Erst nach dieser Szene kam der Kaiser. Was die beiden beim Abschiede gesprochen haben, ist nicht bekannt geworden.

Die Huldigungen, welche den Fürsten nach dem Wiedererscheinen seines Wagens vor dem Schlosse erwarteten, spotten jeder Beschreibung. Die Volksmenge war inzwischen ins Unendliche angeschwollen. Undurchdringliche Menschenmauern standen auf den Bürgersteigen und vom Schloß bis zum Denkmal Friedrich

— 62 —

des Großen, selbst auf den Plätzen und Fahrdämmen, so daß der ganze Fuhrwerksverkehr ins Stocken geriet. Alle Fenster und Balkone hatte sich inzwischen mit Zuschauern gefüllt. Überall stürmische Zurufe, Hüteschwenken und Tücherwehen ohne Ende. Dichte Scharen folgten dem Wagen bis zum Reichskanzlerpalais und umlagerten dieses noch eine Stunde lang. Auf dem ganzen Wege dankte der Fürst durch unaufhörliches Verneigen nach rechts und links, sichtlich tief ergriffen von diesem ganz unvorbereiteten,

Bismarck am Sarge Kaiser Wilhelms.

aus überquellenden Herzen mit unüberstehlicher Gewalt hervorbrechenden Huldigungen.

Einen Tag später machte Fürst Bismarck den letzten und schwersten Abschiedsbesuch. Schon ging der Tag zur Neige, da hielt am Seitenportale des Charlottenburger Schlosses, dicht neben der Schloßwache, ein leichtes Kabriolett, und bevor noch die zahlreichen Spaziergänger, die in der Umgebung weilten, ihr Erstaunen äußern konnten, wer denn wohl zu so vorgerückter Stunde noch dem Schlosse einen Besuch abstatten möchte, entstieg Fürst Bismarck dem Wagen und dankte lebhaft für die ehrerbietigen Grüße, die ihm alsbald von allen Seiten dargebracht wurden. Vom Hofgärtner erbat er sich drei Rosen. Diese in der Hand haltend, schritt er langsam durch die einsamen Gänge des Parkes dem Mausoleum zu. Tiefer Ernst lag auf seinen Antlitz ausgebreitet, als er die Stufen zu der geweihten Stätte emporstieg und hier zunächst einige

— 63 —

Augenblicke an den Grabdenkmälern König Friedrich Wilhelms III.
und der Königin Luise verweilte. Dann stieg der große Kanzler
hinab zur Gruft seines großen Kaisers Wilhelm I. Mehr
als zehn Minuten verweilte er dort und legte die Rosen am Sarge
des Kaisers nieder, unter dem er über ein Vierteljahrhundert am
Aufbau und der Einrichtung des Reiches unermüdlich und mit
beispiellosem Erfolg gearbeitet hatte.

Was er dort empfunden und gedacht hat, umfaßt alle Größe,
alle Freuden, allen Ruhm, aber auch alles Leid unseres Volkes,
woran er drei Jahrzehnte hindurch den unmittelbarsten persönlichen
Anteil gehabt hatte.

Fast alle deutsche Fürsten gaben auf telegraphischem Wege
ihrem Schmerz über das Scheiden des Gründers des Deutschen
Reiches aus seinen Ämtern Ausdruck. Einen wie schweren Kampf
die verhängnisvolle Entscheidung, die er getroffen, auch dem Kaiser
selbst gekostet hat, beweist nachfolgendes Telegramm, das er am
22. März 1890, am Geburtstag seines Großvaters an den Großherzog von Weimar richtete: „Mir ist so weh, als hätte Ich noch
einmal Meinen Großvater verloren. Aber von Gott Bestimmtes
ist zu tragen, auch wenn man darüber zu Grunde gehen sollte.
Das Amt des wachhabenden Offiziers auf dem Staatsschiff ist Mir
zugefallen; der Kurs bleibt der alte, Volldampf voran!"

Am 29. März verließ Bismarck Berlin. Die Huldigungen,
welche ihm bei diesem letzten Scheiden von der Reichshauptstadt
dargebracht wurden, überstiegen alles Frühere. Nie ist ein regierender
Herrscher in Berlin so geehrt worden. Alle Minister, der neue
Reichskanzler von Caprivi, alle Hofchargen, Generäle, alle Botschafter und Vertreter des diplomatischen Korps, kurz das „ganze
amtliche Berlin", war auf dem Lehrter Bahnhof anwesend, als
Fürst Bismarck vorfuhr, um von Berlin zu scheiden. Der Kaiser
hatte herrliche Blumenspenden für den Fürsten und die Frau
Fürstin gesandt, und hier wie in Friedrichsruh wurden dem
Fürsten auf Befehl des Kaisers durch dazu kommandierte Truppenabteilungen militärische Ehren erwiesen. Aber dieses gesamte amtliche Gepränge reichte doch nicht entfernt an der treuen deutschen
Volksseele Liebes- und Dankesbezeugungen heran, welche dem
Fürsten Bismarck dargebracht wurden von der Ausfahrt aus seinem
bisherigen Wohnsitz in der Wilhelmstraße an bis zur Abfahrt auf
dem Lehrter Bahnhof. Alle, die diesem Abschied beiwohnten, waren
einig, daß eine solche Szene vorher niemals erlebt worden sei.

Die Aussöhnung des Kaisers mit dem Fürsten Bismarck.

Fast vier Jahre waren seit dem Rücktritt des Fürsten Bismarck
vergangen, ohne daß der Kaiser und der Alt-Reichskanzler sich
jemals wieder gesehen hatten. Manches war inzwischen geschehen,

wodurch die Entfremdung zwischen beiden immer größer und der
vollzogene Bruch immer unheilbarer wurde. Der Alt-Reichskanzler,
der in der Zurückgezogenheit des Sachsenwaldes wie ein Verbannter
lebte, hielt mit seinen Bedenken gegen die Bahnen, welche „der neue
Kurs" eingeschlagen hatte, nicht zurück. Je mehr diese Bedenken
in den weitesten Kreisen des Volkes und gerade in denen, die am
treuesten zu Kaiser und Reich standen, geteilt wurden, um so mehr
wurde von diesen Kreisen jede sich darbietende Gelegenheit wahrgenommen, um die unverändert gebliebene Verehrung und Liebe
zu dem Fürsten Bismarck, der das Steuer des Deutschen Reiches
so lange mit starker Hand sicher geleitet hatte, in lauten Kundgebungen zum Ausdruck zu bringen. Diese Kundgebungen erreichten ihren Höhepunkt im Sommer 1892. Bei Gelegenheit
der Reise des Fürsten Bismarck nach Wien, der sich dorthin
begab, um der Vermählung seines ältesten Sohnes, des Grafen
Herbert von Bismarck, beizuwohnen, wurde dem ehemaligen Reichskanzler von seiten der leitenden Kreise von Berlin eine Behandlung zu teil, die das deutsche Volk als eine ihm selbst angethane
Beleidigung empfand. Mit Sturmesgewalt erhob sich die Entrüstung der deutschen Volksseele über die Schmäher und Verkleinerer
des besten deutschen Mannes. Scheute man sich doch nicht, gegen
den Fürsten Bismarck den Vorwurf zu erheben, daß seine gelegentlichen
Äußerungen über die in dem neuen Kurs eingeschlagenen Wege
das monarchische Gefühl und die Ehrfurcht vor dem Kaiser verletzten. Jetzt ward Fürst Bismarck geehrt, wie noch nie ein Mann
in deutschen Landen geehrt worden ist. Seit den Julitagen von
1870 ist die allgemeine Begeisterung und die zornige Erhebung
nicht mehr in solchen hellen Flammen emporgelodert, wie in den
auf die Reise nach Wien folgenden Wochen und Monaten um die
ehrwürdige Gestalt unseres Alt-Reichskanzlers, der sich von Wien
aus zu seiner alljährlichen Kur nach Kissingen begeben hatte. Zu
Tausenden wallfahrteten sie dorthin, die treuen Männer und Frauen
aus Württemberg, Baden und der Pfalz, um durch ihr Erscheinen
und ihr Wort feierliche Verwahrung einzulegen gegen die kränkende
Behandlung Bismarcks, um diesen zu schauen, ihm zu huldigen,
seinen Worten zu lauschen, die in immer neuer Fülle von Gedanken patriotische Mahnungen an alle richteten. So war auch
die Heimreise des Fürsten über Weimar, Jena, Halle, Magdeburg
nach Schönhausen ein beispielloser Triumphzug, das Volksfest in
Jena zu Ehren des Fürsten eine großartige, unvergleichliche
Huldigung.

Den lautesten Wiederhall in jedem deutschen Herzen fand das
Wort, das Fürst Bismarck am 31. Juli 1892 auf dem Marktplatz zu Jena gesprochen: „Wir können nicht regiert werden unter
der Leitung einer der bestehenden Fraktionen, am allerwenigsten
unter der des Zentrums. Das Zentrum halte ich nach wie vor
für einen Gegner des Reiches. Ich erachte es als ein Unglück,

— 65 —

wenn die Regierung ihre Tendenz hauptsächlich darauf zuspitzt, dem Zentrum zu gefallen. Ich bin eingeschworen auf die weltliche Leitung eines evangelischen Kaisertums."

Aber bei alledem lastete doch die Entfremdung zwischen Berlin und Friedrichsruh wie ein Alp auf der Volksseele und mit banger Sorge erfüllte der Gedanke die Herzen, der alte Einsiedler könnte für immer von uns scheiden, ohne daß sich noch einmal seine Hand versöhnt in die seines jugendlichen Kaisers gelegt habe. Diese Sorge, die nicht am wenigsten dazu beigetragen hatte, das in weiten Kreisen verbreitete Unbehagen zu stärken, steigerte sich, als im August 1893 beunruhigende Nachrichten über den Gesundheitszustand des Fürsten in die Öffentlichkeit drangen. So war es schon wie eine Befreiung von schwerem Alpdruck, als der Telegraph

In Friedrichsruh.

die Kunde brachte, daß Kaiser Wilhelm von Günz in Ungarn mit Worten herzlicher Teilnahme nach dem Befinden seines ehemaligen Kanzlers sich erkundigt und dadurch zum erstenmal wieder einen persönlichen Verkehr mit ihm angebahnt habe. Aber lange schien es, als ob es bei dieser Teilnahme, wie man sie jedem Schwerkranken schenkt, sein Bewenden haben sollte. Um so größer war die Freude, als am 22. Januar 1894 wenige Tage vor dem Geburtstage des Kaisers die Kunde durch die Lande lief, daß die vollständige Aussöhnung des Kaisers mit dem Fürsten Bismarck zur Thatsache geworden sei.

An diesem Tage hatte der Monarch seinen Flügeladjutanten Grafen Moltke nach Friedrichsruh gesandt, dem Fürsten eine Flasche alten Weines aus seinem Keller zur Stärkung seiner Gesundheit übersenden lassen und ihn beglückwünscht, daß er nunmehr wieder hergestellt sei. Fürst Bismarck war hocherfreut, ließ Sr. Majestät seinen innigsten Dank abstatten und stellte in Aussicht, er werde nach dem Geburtstag des Kaisers, wenn es seine Kräfte gestatteten, sich erlauben, nach Berlin zu kommen, um dem kaiserlichen Herrn persönlich seinen Dank abzustatten.

Aber noch früher, schon am Tage vor dem Geburtstage, erfolgte der in Aussicht genommene Besuch des Alt-Reichskanzlers in

Rogge, Fürst Bismarck.   5

— 66 —

Berlin, und wer diesen Tag mit erlebt hat, dem wird er zeitlebens unvergessen bleiben. Denn wie an den großen patriotischen Fest= tagen, deren unter Kaiser Wilhelm dem Siegreichen so viele ge= feiert worden sind, hatten sich unter den Linden und vom Branden= burger Thor bis nach dem Lehrter Bahnhof Tausende und Abertausende von Menschen zusammengefunden, um den Fürsten Bismarck zu erwarten. Wie ein Wiederhall jenes großen Tages, da der Reichs= kanzler im Jahre 1871 seinem kaiserlichen Herrn beim Einzug der sieg= reichen Truppen vorausgeritten war, umbrauste lauter Jubel der Kopf an Kopf gedrängten Menge den geschlossenen Hofwagen, in dem Prinz

Heinrich den Fürsten vom Bahnhof nach dem Schloß geleitete, und dem eine halbe Schwadron Garde= Kürassiere vorauritt und eine zweite folgte. Alle öffentlichen Ge= bäude hatten reichen Flaggenschmuck an= gelegt. Glücklich schätzte sich jeder, dem es für einen Augenblick wenigstens vergönnt war, das Angesicht des Mannes zu sehen, dem in dieser Stunde die Herzen aller Deutschen heißer als je entgegenschlugen. Wie er auf der ganzen Fahrt umjubelt

Begrüßung Bismarcks von Kaiser Wilhelm II. in Berlin.

wurde, wie sich ihm die Hände entgegenstreckten, wie die Hüte und Mützen flogen, wie die Tücher wehten, das alles läßt sich nicht beschreiben.

Auf der Lustgartenseite des königlichen Schlosses war eine Ehrenkompagnie vom 2. Garde=Regiment zu Fuß aufgestellt. Prinz Heinrich und Fürst Bismarck verließen den Wagen und schritten die Front der Ehrenkompagnie ab, dann nahm der Fürst den Vor= beimarsch derselben und der Garde=Kürassiereskorte entgegen und begab sich, von dem Prinzen Heinrich geleitet, in die für ihn be= stimmten auf der Lustgartenseite des Schlosses im Erdgeschoß ge= legenen Gemächer. Hier empfing der Kaiser den Fürsten. Kaum vermochte der letztere seiner tiefen Bewegung Herr zu werden. Als der Fürst dem Kaiser die Hand küssen wollte, wehrte dieser es ab und umarmte und küßte zweimal auf das herzlichste seinen ehe= maligen Reichskanzler. Bis kurz nach 7 Uhr abends verweilte

Fürst Bismarck als Gast seines Kaisers im königlichen Schlosse. Der gleiche Triumphzug wie am Mittag wiederholte sich, als der Fürst, diesmal vom Kaiser selbst geleitet, durch die im Glanze elektrischer Sonnen erstrahlenden Linden zum Bahnhof fuhr. Auch jetzt wurde wieder der geschlossene kaiserliche Wagen von gepanzerten Lanzenreitern eskortiert, deren Fähnlein in dem Abendwinde lustig flatterten, und noch einmal klang aus allen Kehlen und Herzen von Hunderttausenden allüberall begeisterter Zuruf, welcher dem in die Einsamkeit seines Sachsenwaldes zurückkehrenden Nationalhelden auf der ganzen Fahrt das Geleit gab.

Eine nochmalige Besiegelung hat dann die durch den hochherzigen Entschluß des Kaisers herbeigeführte Versöhnung dadurch gefunden, daß der Kaiser einige Wochen später, am 19. Februar, den Besuch des Alt-Reichskanzlers zu Friedrichsruh erwidert hat.

Von einem schweren Drucke, der lange Zeit auf vieler Herzen lastete, hat Deutschland in diesen Tagen neu aufgeatmet, in denen die letzten Nebel sich hoben, die sich beirrend und verwirrend zwischen den alten Kanzler des Reiches und den Erben des ersten deutschen Kaisers gedrängt hatten.

Nun konnte auch die Liebe des deutschen Volkes zu seinem Alt-Reichskanzler wieder in hellen Flammen auflodern und die dankbare Verehrung aller deutschen Herzen von jeder Rücksicht unbehindert in lauten Kundgebungen sich Luft machen. In der großartigsten Weise geschah dies in Huldigungsfahrten, welche Tausende von Männern und Frauen aus den östlichen Provinzen, Westpreußen und Posen im Monat September 1894 nach Varzin unternahmen, um dem Fürsten Bismarck ihre Ehrfurcht zu bezeugen. In erfreulicher Frische und Gesundheit konnte der Fürst die herbeigeströmten Gäste empfangen. Wie immer, so benützte er auch diese Gelegenheiten, um ein kräftiges politisches Wort zu sprechen, in welchem er diesmal die seinen Gästen zunächstliegende Polenfrage eingehend behandelte.

Den sonnigen Septembertagen dieser Empfänge sind dann in Varzin leider bange Wochen schwerer Sorge und Tage tiefster Trauer gefolgt. Der Gesundheitszustand der Gemahlin des Fürsten gab schon seit längerer Zeit zu ernsten Besorgnissen Anlaß, die sich im Spätherbst 1894 in immer bedenklicherem Maße steigerten, bis der greise Fürst am 27. November 1894 in dem Heimgang seiner teuren, langjährigen, treuen Lebensgefährtin, die siebenundvierzig Jahre hindurch alle Sorge und alle Freude seines thatenreichen Wirkens geteilt hatte, den tiefsten Schmerz, der ihn je betroffen hat, erleben mußte. Ein eheliches und häusliches Glück, wie es in gleicher Vollendung sich selten wiederfindet, ist damit ins Grab gesunken. Von den unscheinbaren Anfängen seiner politischen Laufbahn bis auf den Gipfel weltgeschichtlichen Ruhmes hat die Dahingeschiedene den Gemahl durch alle Lebenslagen in treuer sich selbstvergessender Liebe geleitet. Der Einklang des Geistes und Herzens, in welcher Otto von Bismarck von dem ersten Tage seiner Ehe sich mit seiner Gattin verbunden

5*

wußte, ist ihm der Quell nie versiegender Thatkraft geworden. Er selbst hat es wiederholt bezeugt, wie viel er insbesondere für sein inneres geistiges Leben den fördernden Einwirkungen des Wesens und Willens seiner Gemahlin zu verdanken gehabt hat. Dabei ist sie in allen äußeren Beziehungen des Lebens als das Muster einer deutschen Hausfrau und Mutter ihm die unentbehrliche Ge= hilfin und die treue Hüterin seiner Häuslichkeit gewesen. So beklagt der nun vereinsamt zurückgebliebene Gemahl der Dahingeschiedenen in ihrem Hintritt den Verlust des teuersten Wesens, das ihn mit der Welt und den Menschen verband und nie mehr wird der Schatten, den dieser Verlust über den Abend seines Lebens ausgebreitet hat, wieder von ihm genommen werden. Der achtzigste Geburtstag, dem Fürst Bismarck entgegen geht, ist für ihn nun aus einem Anlaß festlicher Freude zu einem Tage schmerzlichster, wehmutsvoller Trauer geworden. Aber nur um so treuer und fester wird sich das deutsche Volk an diesem Tage um seinen Helden scharen, nur um so inniger wird aus allen deutschen Herzen das Gebet zu Gott aufsteigen, daß auch an ihm in seiner Vereinsamung die Bitte jener Pilger am Osterabend sich erfüllen möge: „**Bleibe bei uns Herr, denn es will Abend werden, und der Tag hat sich geneigt.**"

www.ingramcontent.com/pod-product-compliance
Lightning Source LLC
Chambersburg PA
CBHW020935230426
43666CB00008B/1693